U0033812

黃郛日記

(1935-1936)

The Diaries of Huang Fu, 1935-1936

民國日記｜總序

呂芳上
民國歷史文化學社社長

　　人是歷史的主體，人性是歷史的內涵。「人事有代謝，往來成古今」（孟浩然），瞭解活生生的「人」，才較能掌握歷史的真相；愈是貼近「人性」的思考，才愈能體會歷史的本質。近代歷史的特色之一是資料閎富而駁雜，由當事人主導、製作而形成的資料，以自傳、回憶錄、口述訪問函札及日記最為重要，其中日記的完成最即時，描述較能顯現內在的幽微，最受史家重視。

　　日記本是個人記述每天所見聞、所感思、所作為有選擇的紀錄，雖不必能反映史事整體或各個部分的所有細節，但可以掌握史實發展的一定脈絡。尤其個人日記一方面透露個人單獨親歷之事，補足歷史原貌的闕漏；一方面個人隨時勢變化呈現出不同的心路歷程，對同一史事發為不同的看法和感受，往往會豐富了歷史內容。

　　中國從宋代以後，開始有更多的讀書人有寫日記的習慣，到近代更是蔚然成風，於是利用日記史料作歷

史研究成了近代史學的一大特色。本來不同的史料，各有不同的性質，日記記述形式不一，有的像流水帳，有的生動引人。日記的共同主要特質是自我（self）與私密（privacy），史家是史事的「局外人」，不只注意史實的追尋，更有興趣瞭解歷史如何被體驗和講述，這時對「局內人」所思、所行的掌握和體會，日記便成了十分關鍵的材料。傾聽歷史的聲音，重要的是能聽到「原音」，而非「變音」，日記應屬原音，故價值高。1970年代，在後現代理論影響下，檢驗史料的潛在偏見，成為時尚。論者以為即使親筆日記、函札，亦不必全屬真實。實者，日記記錄可能有偏差，一來自時代政治與社會的制約和氛圍，有清一代文網太密，使讀書人有口難言，或心中自我約束太過。顏李學派李塨死前日記每月後書寫「小心翼翼，俱以終始」八字，心所謂為危，這樣的日記記錄，難暢所欲言，可以想見。二來自人性的弱點，除了「記主」可能自我「美化拔高」之外，主觀、偏私、急功好利、現實等，有意無心的記述或失實、或迴避，例如「胡適日記」於關鍵時刻，不無避實就虛，語焉不詳之處；「閻錫山日記」滿口禮義道德，使用價值略幾近於零，難免令人失望。三來自旁人過度用心的整理、剪裁、甚至「消音」，如「陳誠日記」、「胡宗南日記」，均不免有斧鑿痕跡，不論立意多麼良善，都會是史學研究上難以彌補的損失。史料之於歷史研究，一如「盡信書不如無書」的話語，對證、勘比是個基本功。或謂使用材料多方查證，有如老吏斷獄、法官斷案，取證求其多，追根究柢求其細，庶幾還原

案貌，以證據下法理註腳，盡力讓歷史真相水落可石出。是故不同史料對同一史事，記述會有異同，同者互證，異者互勘，於是能逼近史實。而勘比、互證之中，以日記比證日記，或以他人日記，證人物所思所行，亦不失為一良法。

從日記的內容、特質看，研究日記的學者鄒振環，曾將日記概分為記事備忘、工作、學術考據、宗教人生、游歷探險、使行、志感抒情、文藝、戰難、科學、家庭婦女、學生、囚亡、外人在華日記等十四種。事實上，多半的日記是複合型的，柳貽徵說：「國史有日歷，私家有日記，一也。日歷詳一國之事，舉其大而略其細；日記則洪纖必包，無定格，而一身、一家、一地、一國之真史具焉，讀之視日歷有味，且有補於史學。」近代人物如胡適、吳宓、顧頡剛的大部頭日記，大約可被歸為「學人日記」，余英時翻讀《顧頡剛日記》後說，藉日記以窺測顧的內心世界，發現其事業心竟在求知慾上，1930 年代後，顧更接近的是流轉於學、政、商三界的「社會活動家」，在謹厚恂恂君子後邊，還擁有激盪以至浪漫的情感世界。於是活生生多面向的人，因此呈現出來，日記的作用可見。

晚清民國，相對於昔時，是日記留存、出版較多的時期，這可能與識字率提升、媒體、出版事業發達相關。過去日記的面世，撰著人多半是時代舞台上的要角，他們的言行、舉動，動見觀瞻，當然不容小覷。但，相對的芸芸眾生，識字或不識字的「小人物」們，在正史中往往是無名英雄，甚至於是「失蹤者」，他們

如何參與近代國家的構建，如何共同締造新社會，不應
該被埋沒、被忽略。近代中國中西交會、內外戰事頻
仍，傳統走向現代，社會矛盾叢生，如何豐富歷史內
涵，需要傾聽社會各階層的「原聲」來補足，更寬闊的
歷史視野，需要眾人的紀錄來拓展。開放檔案，公布公
家、私人資料，這是近代史學界的迫切期待，也是「民
國歷史文化學社」大力倡議出版日記叢書的緣由。

來自八十餘年前的時空膠囊：
《黃郛日記》簡介及導讀

任育德
國立中正紀念堂管理處研究典藏組副研究員

> 經國有才皆百鍊，著書無字不千秋。
>
> ——徐世昌書贈黃郛（1934.11.5《黃郛日記》）

一、黃郛生平

　　黃郛原名紹麟，字膺白，號昭甫，浙江省上虞縣人，1880 年 3 月 8 日生，1936 年 12 月 6 日逝。黃郛生父黃文治早逝，就讀義學而後補上學校生。晚清中國步入科舉取士之路將終結、新式教育值初建之 1904年，黃郛入讀浙江武備學堂，隨獲清廷官費赴日本留學，入讀東京振武學校，1905 年在東京加入中國同盟會。1908 至 1910 年間就讀陸軍測量局地形科並學成返國。1911 至 1915 年間，參與辛亥革命、倒袁軍事行動，因此具備軍事領導經歷，為外人稱「黃將軍」。[1] 黃郛在「二次革命」倒袁失敗後，曾輾轉流亡日本、南洋、美國，這種閱歷並非時人常見者。在黃

1　The China Weekly Review ed., *Who's Who in China* (Shanghai: The China Weekly Review, 1925, 3rd edition), p. 379.

郛一生的青壯年時期具有較為濃烈的軍事色彩。

1921 年起，黃郛逐步從軍人轉變為重文治的政治人物。他在美國考察期間擔任北京政府參加華盛頓會議代表團顧問，再赴歐考察戰後政情。回國後，陸續出任張紹曾內閣署理外交總長，高凌霨攝政內閣、高凌霨臨時內閣、顏惠慶內閣任內之教育總長。1924 年 10 至 11 月間，黃郛代理內閣總理，也就在這段期間內馮玉祥領軍包圍北京紫禁城，鹿鍾麟持《修正清室優待條件》宣言文件，取消前定清室優待條件並命令溥儀限期離開紫禁城，溥儀迫於形勢同意離開。黃郛內閣籌劃以北京紫禁城興辦博物院、圖書館，黃郛內閣雖然為時甚短，但故宮博物院終在紫禁城開放，此一將皇權象徵轉變為國家文化傳承象徵的過程，黃郛是歷史參與及見證者之一。

1927 年間，黃郛重返政界，斡旋蔣介石、馮玉祥徐州相見。7 月出任上海特別市市長，處理華洋勢力交匯前鋒重地之一政務。1928 年 2 月出任國民政府外交部長，任內處理南京國民政府與國際強權有所衝突之「南京事件」、「濟南事件」，因此遭致民間輿論之怨言，再度離開政壇，來往上海、莫干山之間，以讀書寫作、蒔花等活動沈潛消遣。黃郛早年即有寫日記習慣，現今只有少部分內容轉抄存世，其餘已告亡佚。1929 年後，黃郛山居，擷取夫婦名中各一字，將莫干山居所命名為「白雲山館」，自許山館主人，已與先前心境、環境有異，得以記下保存至今《黃郛日記》之內容。

　　1933 年 5 月，黃郛復出政界，出任行政院駐北平政務整理委員會委員長，與日本政府、關東軍秘密交涉談判塘沽協定。5 月 31 日，最終協定達成。在中國高漲的民族反日情緒之下，黃郛成為輿論及不同政治勢力派系間之指責對象。1935 年春，黃郛請長假離京南下休養，就此引退。1936 年 12 月 6 日即以肝癌在上海逝世。6 天以後的 12 月 12 日，西安事變發生。7 個月後的 1937 年 7 月 7 日深夜蘆溝橋事件爆發，也開啟了中日全面戰爭。

二、史料重現與涉及人物

　　黃郛生前與妻沈亦雲彼此許諾，將為早逝對方撰寫傳記以述生平。沈為當時中國接受新式教育女性之一。她在黃郛過世後，一面寄情教育事業，也盡可能保存相關資料，但在抗戰後撤、前往香港之際也不得不銷毀相當資料，僅餘少數帶走。[2] 黃郛逝世後不久，沈亦雲徵集故舊紀念文印就《黃膺白先生故舊感憶錄》。1945 年完成《黃膺白先生家傳》，蒐羅相關親友回憶，可說是黃郛個人資料整理之始。1950 年 2 月，沈亦雲從上海取道陸路南下香港，後長居美國，接受美國哥倫比亞大學口述史訪問（1962），並將保留資料（電報、書信、講稿、文稿）捐贈該校珍稀圖書與手稿圖書館保存，成為「黃郛文件」（Huang

---

2　沈亦雲，〈自序一〉，《亦雲回憶》（台北：傳記文學出版社，1968），冊上，頁 1。

Fu Papers, 1913-1936）。日記部分內容曾經摘錄披露於
《亦雲回憶》，也成為相關研究中日外交著作參用內
容。史丹福大學胡佛研究所也有「黃郛文件」（Huang
Fu Papers, 1920-1936），台北國史館庋藏「蔣中正總統
文物」留有黃郛、蔣介石於1920年代後期至1930年代
前期相關往還電稿抄件，這都構成黃郛與相關人物研
究、1930年代中日外交基礎史料。在此基礎上，已有
研究成果專著如謝國興《黃郛與華北危局》（1984）、
Parks M. Coble, *Facing Japan: Chinese Politics and Japanese Imperialism,
1931-1937*（1991，馬俊亞中譯，2004）、劉維開《國難期
間應變圖存問題之研究》（1995）、臧運祜《七七事變
前的日本對華政策》（2000）、內田尚孝《華北事変の
研究－塘沽停戰協定と華北危機下の日中関係1932-1935
年》（2006）、李君山《全面抗戰前的中日關係（1931-
1936）》（2010）、黃自進《蔣介石與日本 —— 一部近
代中日關係史的縮影》（2012）等。但其中有關《黃郛
日記》內容多屬轉引。《黃郛日記》手稿複本近年入藏
台北中央研究院近代史研究所圖書館後，有天津南開大
學賀江楓就1935年部分予以利用至研究論文中，更大篇
幅利用者尚不多見。

在黃郛逝世八十三年後，民國歷史文化學社策劃
「民國日記」系列，納編《黃郛日記》，將現存十六
本內容首度全文出版，正可為擴充民國史基礎史料來
源增添重要一筆，也一併提供人物內心世界和電文之
間產生關係、不同人物觀點角度對照，進而瞭解民國
歷史潮流動力及暗流。

　　從前述黃郛生平可知，《黃郛日記》書寫時段和生命中閒居莫干山、上海，重返政壇處理中日外交談判及國交往來相疊合，表現日記主人讀書讀報所思所想，情緒反應。這包括有關時局及世局發展之認知、理解、因應，以及日記主人之人際交往、聯繫網絡。

　　《黃郛日記》密集出現蔣氏身旁其他重要人物如楊永泰（暢卿）、錢昌照（乙黎）；南北金融界人物如徐新六、張公權、吳鼎昌、錢新之、徐青甫等人，這些人有大部分在時人目之為「政學系」人士。留日學生從事政務、軍事活動者，如袁良、何應欽、殷同、唐有壬、王克敏、梁鴻志亦出現在日記。至於姻親家人們如葛敬恩、沈怡、朱炎、陶孟和、沈亦雲（日記中或名景英、雲英）等人也在日記中不時出現。日記內也有南北媒體界人士如陳冷、張季鸞、史量才之身影。其他與黃郛曾有往來之軍政要人包括馮玉祥、閻錫山、汪兆銘、李煜瀛、張靜江、吳敬恒等人，或寫信表意、或遣代表面談。日本在華外交人員、軍政人員也會拜訪黃郛，交換有關日本、中國政局及國交發展等訊息意見。

　　因此，白雲山館主人黃郛雖然歸隱山林、密集研讀佛理請益高僧，事實上白雲山館也如同架空小說《瑯琊榜》的瑯琊閣一般是訊息蒐集與交流地之一。而在現存篇幅近三十萬字的日記中，讀者既見到了黃郛從早到晚大致規律行事的運動、記事備忘、讀書感懷、收信回信、交際往來，也見到政治人物理解局勢、人事及各派系勢力之間的活動。

三、內容舉隅

1920 年代中期至 1930 年代間，蔣介石從黃埔軍校校長逐步轉變為全國政治軍事重要領導人物之一，為應付國內外政情發展，需要有各種不同出身、專業背景者提供意見及諮詢。此時，黃郛與蔣介石間具備同鄉、同學之「二同」，以及擬血緣之「誼盟」關係，就以在野身分成為蔣介石請益諮詢對象之一，蔣介石、張群、黃郛之間的密切聯繫互動，都在《黃郛日記》中清晰呈現。黃郛兼具日本、美國、歐洲一手閱歷，在蔣氏親近人士僅偏重日本或美國一方閱歷中更顯得特殊。其次，黃郛雖與張群、蔣介石有盟誓，一生除參與同盟會、留日武學生組織之「丈夫團」外，並未加入中國國民黨。[3] 黃郛也曾向蔣介石表明「在此環境亞，余祇能對介個人幫助，雅不願再掛任何名義也」。（1929.6.16《黃郛日記》）因此他並未就任導淮委員會副委員長。他是以無黨籍[4] 客卿智囊姿態向蔣介石提出建言，也前人所不敢言。

在中國尚待形成一有明確主權意識的現代國家之際，黃郛建議要立憲並行憲。國民黨施行訓政，面臨瀋陽事件爆發，廣東自樹另一國民黨黨統及政統之際，黃郛主張蔣介石不可輕易辭職，應取消訓政早日實行憲政。國民黨應「稍舉憲政時期之權利畀諸國民耳」，

3　約在 1927年春，蔣介石、張靜江曾自行署名要擔任黃郛入國民黨介紹人，但遭黃郛婉拒。沈亦雲《亦雲回憶》，冊上，頁 292。

4　因此，如日本外務省情報部編纂，《支那人名鑑》（東京都：東亞同文會調查部發行，1328），頁 604所載「國民黨浙江系」即有誤。

藉以一面貫徹國民黨主張軍政訓政憲政，又可掃除國
民嫌隙恩怨、黨內糾紛，提升國民支持政府之心。在
政治上應開放組黨自由，讓政黨發揮新陳代謝、網羅
人才正常功能。蔣介石宣示行憲可凝聚國民共識，有
助解決內政、外交問題。（1931 年 12 月 4 日《黃郛日
記》）到了 1935 年 9 月 4 日，陳布雷再奉蔣介石命交
換憲法意見，黃郛重申前議，重申與講清他的構想：

> （一）議會本身採取兩院制，上院以與國家有
> 休戚關係而不帶地方色彩者充之，下院則選自
> 各省市與地方有密切關係者充之；（二）中央
> 政府採取責任內閣制，僅總理由總統提出，國
> 會通過任命之，餘均由總理完全負責（但以中
> 國之大，人事之繁，欲內閣不常常搖動而政務
> 又得推行無阻，似地方非採取均權制不可，如
> 下條）；（三）地方政府採取「多級總攬制」，
> 即中央以下有方面（分全國重要各區，設置四、
> 五個巡督大員，領二省或三省），方面以下有
> 省，省以下設府，府以下設縣，而每級均總攬
> 其轄區內之民、財、教、建全責任，此為予對
> 憲法之大意也，談約一小時半別去。

國家應有根本大法、國事應由國民公意決定之，這
兩點是黃郛一再針對內政的基本主張，在日記記載中均
可明確見到。這應當是超出注重政黨利益、一黨獨尊地
位下的見解，也是他與當時國民黨政最大的分歧。

　　黃郛對於中日外交路線自有觀點，或可以當時日本對之公眾觀感進行觀察。日本某一份報導曾稱，黃郛雖是所謂中國政商界「親日派」人士之一，這是指具有日本留學經歷，回國尋求事業成就的一群人。他們瞭解日本在東亞政治地位的重要性，願意雙方合作提攜，當中日發生衝突糾紛時，他們因為比較瞭解問題情形而有解決意願。可是他們和歐美派意見有異，利益衝突，為保全政治地位，具有多重政治人格，也並不見得會為確立東亞和平的大目標而貿然賭上個人政治生命，日本不能因為「親日派」名號有所誤解。[5] 另有日本報導專稿描述，知日派外交元老當推黃郛，以日文「大御所」描述。[6] 這都顯示，日本欲進行擴張及侵略中國之時，軍政外交各對黃郛角色多有關注、重視及意圖爭取，也注意到中國民間反日民族情緒、政治派系問題可能造成的牽制、羈絆。

　　黃郛對蘇俄共產思想進入中國不以為然，稱 1920 年代引發國共之爭係「伏毒盡發，乃亟亟然欲為事後之補苴」。（1928.8.3《黃郛日記》）1931 年間親見上海滬變十九路軍抵抗，參與中日停火調停，表示中國長期抵抗之必要：「抵抗分物質抵抗與心理抵抗兩層。物質抵抗，中國事事落後，萬不能長期以原始人

5　〈支那の欧米派と日本派〉，《滿州日報》，1935年8月14-18日，見「神戶大學經濟經營研究所新聞記事文庫」中國 (15-060)，最後瀏覽時間：2019.9.14。

6　〈日支交涉の暗礁を抉る (上・中・下)〉，《東京日日新聞》，1936年12月7-11日，「神戶大學經濟經營研究所新聞記事文庫」外交(145-015)，最後瀏覽時間：2019.9.14。

類血肉的肢體，與新時代種種殺人利器相搏激，故惟有心理抵抗始能持久而取最後之勝利。」（1931.3.5《黃郛日記》）在黃郛心目中，中國若抵抗同樣來自亞洲的侵略歷程需要準備時間，內部地方實力派軍人和中央利益不一，各派系政治鬥爭而不能合作，讓中國更顯弱勢；歐戰各國運用毀滅性武器，讓人體認戰爭之可怕之餘，追求和平、避戰；歐美各國不欲涉入外國事務，使日本軍人有隙可乘以進行擴張的心理，都是黃郛體認到的國內外環境。

國民政府在中國東北遭日本侵佔後，縱使無法改變日本控制並建立傀儡政權「滿洲國」事實，卻透過訴諸國際、不妥協態度，使「不承認原則」獲得合法性，也開啟日後與日本之敵國結盟可能。[7] 在中國與日本關係加劇緊張時，黃郛接受蔣介石請求處理對日關係。國民政府期望將對西方帝國主義採用的經濟抵制、執著、合法度等手段運用在對日政策，卻面臨日本帝國主義向中國擴張而無休止的要求，使國民政府主政者面臨中國民間不斷增長的憤怒情緒，遭受其他派系以此為名進行之權力挑戰。當主政者要壓制來自各方挑戰時，對手則為自己的目的力圖釋放和引導各方力量。黃郛即使具備各方人脈與聯繫網絡，受到蔣介石、汪兆銘共同勸說「出山」，「跳入火坑北平」，面對紛雜的多方意見，也苦不堪言。

7　柯偉林（William C. Kirby），〈中國的國際化：民國時代的對外關係〉，《二十一世紀雙月刊》，期 44（1997 年 12 月），頁 36。

　　黃郛就任華北政務委員會委員長後，就面臨來自地
方軍人的要求，「光怪陸離真是不可窮詰」（1933.6.23
《黃郛日記》），部屬之間彼此攻訐而「諄諄諉誡」
而感「嗚呼！辦事之難也」。（1933.7.12《黃郛
日記》）日人層出不窮、尋釁要求導致情緒煩悶時
黃在日記宣洩「滿地雜屎均要我掃，真是苦痛，然
亦不能不自責我同胞之爭意氣而不識大體也。」
（1933.6.26《黃郛日記》）他警覺日人在華北「露骨
干政，真是可慮」（1933.7.21《黃郛日記》），行事
不免操切。徐永昌曾在個人日記提出觀察：「黃似不
能久，且亦無聊，因以其用內戚沈某接長平綏，用袁
良接長平市，一則自私，一則操切自私，而操切如何
能久。」（1933.7《徐永昌日記》）黃面對需要談判
問題，密切與相關人員、南京電報聯繫，以釐清談判
與可行方向，日記側面反應行程繁忙而無暇再記讀書
之事。他與宋子文一場談話反應雙方不同意見，宋認
為二至四年間太平洋並爆發大戰，戰爭結果日本必敗。
黃郛認為戰爭武器兇殘，各方不敢輕易言戰，無法預
料何時發生戰爭，即使真有戰爭，日本也告失敗，但
戰爭「起時我國境象如何？結時我國安危如何？均不
暇顧，未免太為感情衝動之論。」（1933.9.1《黃郛日
記》）他抗拒來自日本要求其「在華北謀自立自足」
並「擔保日、俄、美等開戰，中國須與日同情，而日
助黃在華北安定」（1933.12.6《徐永昌日記》）之
魔鬼誘惑，服從南京由蔣介石主控決策及大方向。他
駁斥天津駐屯軍參謀長酒井隆放言高論，「無非欲逼

中國隨日本走，予與之力辯厲害，彼乃稍稍沈默。」
（1934.12.24《黃郛日記》）黃郛內心情緒激昂、低落、
恨鐵不成鋼多重情緒在《黃郛日記》表露交織。

　　黃郛投注華北與中日外交事務，身心耗損頗大，
徐永昌的觀察可為註腳：「二十一年在滬上晤膺白時，
其氣宇何等閑靜，去歲以來，時見其憂弱之態，作努
力談話，人之宜修亦宜養如此」。（1934.9.25《徐
永昌日記》）而 1930 年代政治勢力暗流之一的地方
實力派領袖們袖手旁觀，讓他難在華北做得下去。華
北政務整理委員會結束後，徐永昌自記與閻錫山談話
透露線索：「去歲以來，余每與閻先生談華北對日外
交問題，以為如無意出任艱鉅時，最好竭力協助黃膺
白，使其能做下去，如中央不能予黃便利時，亦應仗
義執言，不然者禍患且及於晉綏，渠總唯唯否否，今
日又及此，結果亦然，惜哉。」（1935.6.13《徐永昌
日記》）黃郛為維護古都北平、華北主權、中日和平
做出最大努力，身為蔣介石對日政策擋箭牌以抵擋來
自各方不滿情緒，內心煎熬，去職前後也萌生是否徒
勞之感。特別是在得悉汪兆銘在中日交涉中全盤接受
日方撤去軍隊、黨部條件，「覺悟汪先生上了廣田大
當」，「嗚呼！兩年來苦心維護之舊都，今後是何景
象，予不忍再書矣！」（1935.6.9《黃郛日記》）黃郛
稍後研判預料「今後之河北必將成為有實無名之非戰
區」。（1935.6.11《黃郛日記》）河北最後也成為點
燃中日全面戰火之火藥庫。

四、結語

黃郛處在 1930 年代東亞內外局勢衝突及多重夾縫中，不得中國民意理解之際，如何自解？《黃郛日記》恰巧留下些許線索，也以此做結。他曾回覆留美青年龍冠海「勸勿親日」隨函附〈人格培養同盟簡章〉、《紐約時報》報導一則：

> 冠海先生大鑒，遠承惠教，感佩同深。彼此均為中國人，吾儕血管中皆為中國血所灌輸，親日固談不到。依弟愚見，中華民國國民除親華外無可親者，更進一步言之，今日世界現狀如此，中國之勢如此，唯有內親外睦之一法，或可以渡此難關。換言之，對內應無不可親，對外應無所不睦。如對內有親、有不親，則統一難期，復興無望。對外有睦、有不睦，非近憂立發，即遠患潛滋。先生留學海外，聞見必廣，當能諒此。諸先生以培養人格相勖，竊以為苟利於國，一切個人之安危毀譽，悉舉而犧牲之，此為人格之最高點，深願有以共勉之。百忙怖悃，幸恕率直，順頌大安。（1934.1.16《黃郛日記》）

這些具有血性的文字都來自這一份八十餘年前的時空膠囊，也給予今日讀者一個人物與他所處時代的鮮活印象。

編輯凡例

一、本系列之黃郛日記以美國史丹福大學胡佛研究所
收藏「黃郛文件」（Huang Fu Papers, 1920-1936）
之「白雲山館主人日記」現存手稿為底本進行整
理，白雲山館為黃郛在莫干山居住別墅之名。少
許內容於製作微縮影像前即先遭遮蔽。現存日記
手稿收錄時間起自1929 年1 月1 日，止於1936 年8
月16 日，12 月6 日黃郛逝世，計十七本，惟記載
1929 年10 月20 日起至1930 年2 月22 日間之第三
本已告佚失，存十六本。現存十六本日記內容全
文為首度公布，離日記主人黃郛謝世83 年。

二、如遇日記當日內容缺漏，則依殘存文字上下文，
屬之後缺漏者註明〔後缺〕，若為之前缺漏者註
明〔前缺〕。全日缺漏者註明〔缺〕。

三、本文以現代標點符號進行日記斷句，以一日記事
為原則，不細分段。如作者在日記天地另行撰寫
提要，則以【】標註，另起一段，原則置於該日
日期、天氣條目之後。如不只一則提要，依上下
午、晚時段獨立分段，置於該段之前。有關作者
原文所稱書名以「」符號註明者，統一以《》符
號標示。

四、日記主人書寫有關古字詞、非今日通用字者，如
「甯」、「勦」、「効」、「歷」、「体」、「并」

等，仍依作者手稿使用原字不予更動。日記使用
姓名書寫同音轉字情形或筆誤，均依作者手稿錄
入，不另行更正。日記使用之俗字、簡體字以正
體字呈現。

五、如遇字跡無法辨識者，均以□符號表示，每一個
□符號代表一字。原文以圈字呈現者，均以○符
號表示，每一個○符號代表一字。

六、日記內容涉及人物、事件複雜，參與日記手稿整
理核校團隊限於學力識見，思慮恐難周全，雖經
校對，舛誤謬漏仍在所難免，尚請諸位學者專家
不吝指正。

目　錄

民國 24 年（西元 1935 年）
1 月 1 日　雪

上午在會召集全體職員團拜，袁市長又率領市府全體高級職員來請訓話畢，即赴北京飯店答訪孫哲生，談約一小時。午後西南舉出之中央委員關素人、李綺庵兩君來訪。傍晚故友少蓮之夫人，率其子唐湘（鄰嶽，清華工科畢業）來。

1 月 2 日　雪

午前整理文件。午後請方石珊醫生來為夫人診治（患重傷風）。晚在寓讌孫哲生及關、李兩委員，邀軍政學各界作陪，共卅餘人。

1 月 3 日　晴

午前亞農來辭行。傍午鄧仲知來談煥章事。晚七時赴啟予宅陪讌哲生。

1 月 4 日　晴

午前赴農村指導員養成所，行開學典禮，予致訓詞（稿另存）。午後芳亭、有常先後來談。晚七時在宅讌柴山夫婦（柴山將歸國，頗露抑鬱意）。

1 月 5 日　晴

午前枕薪、松年分別來見。午後仙閣（蒙藏院、邊政部等等慾火一大堆）、伯愷（報告蔣聽孔話，派克之赴桂）、柴山（談兩小時，探悉其兩派相持之內容）等

來談。晚赴西班牙公使館讌會。

1月6日　晴

午前赴中南海觀雪，歸至方家胡同午餐。孟和、修直、鹿君、仲勛等來共午飯。午後于孝侯來，談戰區清理事，內外夾攻，真是氣悶。晚間張季鸞君來共晚餐，談在陝、甘兩省聞見。

1月7日　晴

午前出席本會講演會，講者賈成章（焜庭之子），講題〈森林之利益與中國林業之趨勢〉，有專家講演之價值。又法國駐平新任武官來。午後陳覺生、趙才標先後來，談兩所豫算事。

1月8日　晴

午前往訪柴山未遇。午後王立齋、張君勵先後來晤。傍晚柴山、儀我偕駐華新任日武官陸軍少佐高橋坦來謁。

1月9日　晴

午前夏頌來、金止觀先後來晤。午後柴山偕其妻來辭行，並共留一影。

1月10日　晴

午前若杉來談，滿口和平，結果抬出一滄石鐵路問題。午後冲野來談，出示佐藤來電，內詳敘辜顯榮

與蔣、楊晤談情形。傍晚桐生偕任小英來。晚赴巴西
使館讌會。

1月11日　晴

午前開「舊都文物整理委員會」成立大會。午後須
磨、錢桐、潘光旦、劉定五、陳覺生先後來談。晚讌新
任高橋武官（少佐）。

1月12日　晴

午前整理文件。午後爾和（鬼祟得很）、薛撼岳等
來晤，晚赴保既星宅讌。

1月13日　晴

午前仲勛、桐生等討論內外局勢。午後酒井由津來
談，露骨而爽直，然亦頗難受也。

1月14日　晴

午前福開森來談，願再努力。午後孝侯、吳仲賢、
程眾漁先後來談。

1月15日　晴

午前高橋來長談兩小時，頗具體。午後邱赫霆、
王叔魯（託其婿及圖書事）、范熙壬等來訪。晚赴高
橋讌。

1月16日　晴

　　午前策覺林（班禪之弟）、岳開先、王家楨、狄蘭素（意使館參贊）先後來談。午後李擇一、蔣效先、周靜齋、葛仲勛來談。

1月17日　晴

　　午前訪敬之，談三小時，互告內外聞見。正午在會讌留守同仁（叔魯、涵青、靜齋、文欽、幼庚、桐生、修直、亮才）。午後孫仿魯、何敬之先後來訪，晚赴居仁堂讌會。

1月18日　晴

　　【第三次南旋】

　　午前（深夜）五時，赴東車站開車南行。午後過濟南，韓主席登車來晤，談及張葦村案甚憤懣，託代轉陳。傍晚過泰安，煥章派代表來晤。

1月19日　晴

　　午前十時抵浦口，汪院長及各方友人均親自來接，至中國銀行小憩，即偕暢卿共訪精衛，談半小時，仍回中國銀行午餐。午後至陵園寓所休息。傍晚赴乙藜宅與君怡略談「中德同病」情形。晚赴介石宅晚餐（順便代湛侯說話）。在乙藜宅晤驤先，談通信事。

1月20日　晴

　　午前天翼來談。傍午介石來答訪。午後暢卿來

談，並同赴精衛宅晚餐（是日擇一帶見新駐京日武官雨宮）。

1 月 21 日　晴

午前靜芝來，偕出訪林主席、呂參軍長、陳藹士、孫哲生、熊天翼、唐孟瀟、朱益智、葉楚傖，除林、呂外，均未遇。傍午有壬自滬歸來談，留共午餐。午後精衛來答訪。又五時應介石召赴軍會談兩小時（精衛、有壬同談）。晚至哲生宅晚餐。是日夫人乘夜車返滬。

1 月 22 日　陰

午前高宗武來訪。又須磨來談兩小時半。傍午接見日本新聞記者三人。午後精衛偕有壬來晤，提出改內政為外交問題，予堅拒之。傍晚黃季寬來談浙省內情，晚赴朱益智、唐孟瀟二君之讌，談至十一時始歸。

1 月 23 日　晴

晨陳琢如來訪，又戈卓超來晤。傍午訪暢卿。午後葉楚傖來談對內困難，頗感慨係之。

1 月 24 日　晴

午前左舜生偕李璜來談川中共黨情形，又李伯英來談江寧模範縣進行狀況。午後赴介石處與精衛、有壬等共商對日問題（並為湛侯、肇甫、叔魯等解決幾件小事）。晚偕暢卿、鐵城等會餐於益州飯店。

1月25日　晴

　　晨須磨又來訪談一小時，傍午乙藜夫婦來，偕出至益州飯店午餐。午後赴汪宅討論對日原則。晚在中國銀行晚飯。

1月26日　晴

　　晨立夫來談兩小時。十時赴汪宅繼續討論對日原則，值至午餐後一時始散。午後陳光甫偕鄒秉文來談：（一）華北植棉問題；（二）東方旅行社解約問題。傍晚張之江來訪。

1月27日　晴

　　晨赴湯山沐浴，午餐後一時歸。午後四時赴汪宅繼續討論實施方案，值至七時始散。晚餐後啟電稿覆桐生（為秦皇島稅關監視船事）。

1月28日　晴

　　午前臧鑠岐來晤。正午乙藜夫婦來共午餐。午後三時半赴汪宅繼續討論對日方針實施方案，至五時介石來參加，七時散會（總計前後五日，共討論十二小時有半）。

1月29日　晴

　　晨鹿君來滬，來帶到柴山及亞農等各一函。正午赴中國銀行唐有壬之讌，在座有鈴木武官及影佐、雨宮。午後三時半訪介石並代陪見鈴木諸人。晚赴汪宅

陪謁日使有吉一行。

1月30日　晴

　　晨岡野（駐京海軍武官）來報鈴木見蔣後發表談話內容。九時半赴蔣宅陪見有吉，談一小時半。午後哲生偕亮疇來訪。四時半回訪有吉，盡人事（談東四省主權事）。六時赴蔣宅晚餐，決定對日方針（同座汪、于、孫、居各院長，稚暉、亮疇、子文、元沖、志僖、楚傖、果夫、立夫、季寬各中委，騮先、庸之、雪艇、有壬各部長，孟瀟、益智、耿光諸人）。

1月31日　陰

　　晨訪震修，又訪暢卿。正午赴皇宮飯店陳雪軒之約（同座有鄭紱亭、厲佛馨、楊琪山、蔣銘三諸人）。午後訪精衛。晚八時訪介石，談至十時一刻始別（（1）我之立場對於北歸一節，彼亦認為有研究之必要；（2）彼之立場西行一節，對內對外均含有重大意義；（3）盼我速就內長職。）當即驅車返陵園寓所，攜行李赴和平門上車返滬。

2月1日　晴

晨抵滬寓休息半日。午後在寓接見記者十餘人。晚炎丈、和姨來談晤。

2月2日　晴

午前九時半李石曾由歐歸來談。十時半日使有吉偕參贊有野來。午後公權來談。又厚生來告克之北歸時情形。

2月3日　晴

午前寰澄來訪。午後韓達齋來談。

2月4日　晴

【乙亥元旦】

是日為陰歷乙亥元旦。午前諸舊友循俗禮來賀年。午後赴和姨宅為鹿君五十歲誕辰並留晚餐。

2月5日　晴

午前鈴木中將偕一田少佐來訪。午後亞農由蘇來。傍晚丁參事（駐日使館）紹伋來見，託帶致蔣公使雨岩一函，並告以最近在京會談情形。

2月6日　雪

午前佐藤海軍武官偕小別當來。傍午蕭叔宣（駐日武官）奉召由東京歸來訪，詳述日軍部各主要人意見。午後震修由京來談。

2月7日　陰

晨亞農偕張亞偉來晤。又出訪鑄夫，談陝、贛兩省內情頗詳確，並順道訪寰澄、靜江及李協和，均未遇。午後仲勛、鹿君來談。傍晚乙藜由京來雜談，至十時半始別。

2月8日　陰

晨鐵耕來瑣碎陳訴一小時。傍午日本新聞記者團約十餘名又來糾纏一小時。午後黃溯初來談大局及經濟，談兩小時而別。

2月9日　晴午後雨

午前比公使紀佑穆來。傍午杜月笙來。午後三時赴江灣新中國建設學會開會，君怡報告在德、俄兩個聞見甚詳，予演講〈自力更生與同族相愛〉，晚六時半歸。

2月10日　陰

午前沈立孫來晤。傍午馮五昌醫士來診驗身體，測得血壓為110度，從本日起打針。午後何炳松（柏丞）、橘三郎、唐有壬先後來訪。

2月11日　晴

【打針】

午前藍軍恆、陶益生先後來晤。十時馮醫生來打針。正午在寓讌比公使夫婦及駐滬比總領事（譚來福）夫婦。炎丈、和姨、傑才作陪。午後武田來。

2月12日　晴

　　午前馮五昌來打針，又出訪亮疇。午後鎔西、厚生、任之、問漁、伯申、禦秋來談，並共茶點，談三小時。晚偕夫人同赴日使館有吉明公使之讌。

2月13日　晴

　　是日為陰歷正月十號，乃夫人景英生日，諸親友循俗例來道賀。又馮醫生來打針。正午兩桌客吃麵。午後與親友閑敘。

2月14日　晴

　　午前九時汪院長由京來訪，談亮疇赴日及內政部事，並修改對日談話稿，即電介石。又馮醫生來打針。午後川本少佐來。五時梅蘭芳來辭行（將赴俄）。傍晚答訪精衛並遇亮疇並談。

2月15日　晴

　　晨汪院長又來談，商議郵政、電報、聯航、滄石及故都文物整理之鐵部協款等事。又馮來打針。正午予與汪同具名為王亮疇餞行（彼將返國際法庭原任，本晚登輪經日、美赴歐），同座有石曾、鐵城、厚甫、仲鳴等。午後在寓召集鐵城、公權、月笙等商：（一）土肥原來滬應行注意事項；（二）對近日經濟風潮鎮定事項。

2 月 16 日 陰

午前馮醫生來打針。又仲勛、鹿君來接洽雜務。又乙藜由京來晤並共午餐。午後黃溯初、葉揆初兩員偕來訪談。

2 月 17 日 晴

午前馮醫生來打針。又復出連日所積函電。正午赴世界學院李石曾君之讌。午後訪孫科，談一小時。又寰澄、擇一、水淇先後來晤（寰談金融問題，擇報告閩情，淇偕土肥原來報告沿途偵察所得）。

2 月 18 日 晴

午前土肥原來談（小山貞知同來），予聚精會神對付他二小時，結果似尚圓滿。午後啟稿報告蔣、汪。晚赴哲生宅晚餐（是日起受感冒，馮醫生來打針時，並為我處方醫感冒）。

2 月 19 日 晴

午前杜重遠來談兩小時。午後擇一來談。

2 月 20 日 陰

午前馮醫生來打針，又處理案頭積卷。正午蘭兒來共午餐。午後武田來訪。

2 月 21 日 雨

午前馮醫生來打針。又蘭兒偕義舫來晤。又有野來

談，謂日前予見川本、一田兩少佐時，所談因、緣之
說，彼等先入為主，惡解之發生誤會。午後整理文件。

2月22日　晴

午前協和偕傅沐波來。又擇一由京歸來報告聞見。
又馮醫生來打針。午後震修來，與之商內政部政次人
選，結果托伊電邀陶益生來談。

2月23日　晴

午前震修偕益生來訪，決定內次辦法。又馮醫生來
打針。傍午土肥原、小山偕擇一來。

2月24日　晴

午前有壬由京來晤，接洽內外政務。午後水淇及
蕭叔宣來談，叔宣頗精細，惟不如桐生之敦篤耳（馮
打針）。

2月25日　雨

午前蔣銘三偕湯德銘來。又長卿、擇一、厚生先後
來，各交辦雜事。正午蘭兒來共午餐。午前出訪庸之、
子文，均未遇。傍晚寰澄來晤（馮醫生來打針）。

2月26日　陰

午前八時赴車站乘車。午後一時到杭，季寬主席、
青甫兄、周市長、趙警長等來站接，寓西冷飯店，遇熊
秉三新夫婦。傍晚出訪青甫、季寬，談叔魯家藏書出售

事。晚間青甫兄嫂來西冷讌會，陪座均省府當局，九時散。日參贊有野奉有吉命由滬趕來，嚕嘛至十二時始去。日人之不人情，每每如此。

2 月 27 日　晴

午前九時出發，十時半抵庾村，在莫干小學午餐，接見校中同仁，並往參觀工賑工程（去年因旱，內人發起工賑，予擔任賑費兩萬元。數月來，築路挖積水池等等，現僅用去一萬元，尚可繼續他項工程）。又在禮堂召集全校教員學生講演及訓勉一次，即乘輿上山，五時到達。山館如舊，氣候尚不甚冷，在途中得詩二句：「吾鄉花木皆知禮，翠竹彎躬一路迎」。

2 月 28 日　晴

張醫生代馮醫生到山來打針，并起稿電告各方已來山休息。

3月1日　晴

是日修直由平來山商內政部事，因彼已任為常次故也，即同寓山館。

3月2日　晴

去年病後晨課中斷者已久，自本日起又復繼續，惟不再記以節省時間與精力。是日修直、鹿君等在宅間談。

3月3日　晴

是日為予（五十六歲）初度之辰，在山諸同仁均循俗來賀壽，又適為星期日，故莫干小學教員亦均來山，居然熱鬧了一天（平、滬、京、漢方面各舊友，亦均有電來言賀）。

3月4日　晴

午前修直告別下山赴京。午後觀放風箏為樂。

3月5日　晴

午前出遊蔭山各處。正午至鐵路旅館午餐，共八人。午後二時半乘輿歸。

3月6日　晴

午前羅馭雄、錢虎臣、施景藩（明賢，施永卿之子）等來。

3月7日　晴

午前王有芳來談山中取締安慶失業人辦法。午後理髮。

3月8日　晴

午前出遊屋雞墩，午後姚福順送山雞來（自獵得者）。

3月9日至10日　皆晴

在宅整理上海帶來文卷。

3月11日　晴

是日得電于孝侯將於下午到山，正午派鹿君赴庾村招待。午後俞管理局長來商蘆花蕩水源改造事。四時炎丈偕陳工程師、直生攜杭州新宅圖樣來商（由滬到山）。傍晚于學忠到，留共晚餐，談：（一）冀省府決遷保；（二）津方添設警備司令，調陳冠群師長充之；（三）東北軍改編辦法。

3月12日　晴

午前于孝侯再來，共遊山館前後，又雜談至正午，留共午餐。午後一時告別下山北返（鹿君代送）。三時盧臨先夫婦偕斯燮卿夫人來訪談（盧亦求事），又陳工程師再來共商修正圖樣。傍晚叔魯由平到山，報告政整會情形及述在滬與子文晤談（國際借款事），晚十時別去。

3月13日 晴

晨景英夫人偕炎丈及陳工程師赴庾村察看擬建之圖書館地形，又叔魯再來談，留共午餐。午後叔魯下山，寰澄由滬到來，談金融、經濟各問題頗詳。

3月14日 晴

午前寰澄再來談，并共午餐。午後整理文卷及函電。

3月15日 晴

是日青甫兄嫂偕到山，寓予宅，商談：（一）叔魯家藏書被收後事之善後；（二）莫干山管理局之改善；（二）私人委託事件之接洽等等。

3月16日 晴雨相間

在宅與青甫等雜談。

3月17日 晴霧相間

午前俞則民來商管理局事。又偕青甫同出散步。正午應鹿君之約，在鐵路飯店午餐（讌青甫）（是日磅得體重為壹佰廿一磅）。午後青甫下山歸杭，性白由庾村來商小學事。

3月18日 晴霧晨間看雲海極奇美

午前張醫生（士琦，川人）作別下山，打針從明起停止。又許大純、王家楨、邢霆如先後來訪（均自

華北來）。午後題詞寄《地方行政人員訓練所（第一
期）同學錄》，又購定515號山屋一宅為隨從人員辦
公之需。

3月19日　霧氣候轉冷

是日余挺生（莘夫之甥）、刁冕英（三北刁家）
等均來山求見，余業商、刁農家子均未見過面者，且
向日關係亦間接又間接，乃竟遠道來訴苦求事，可以
見內地經濟事業之衰落矣，社會不安之象到處皆是，
至足懼也。

3月20日　陰微雨

是日竟日檢閱案頭積卷。晚間雪。

3月21日　大雪積三四寸

益生次長由京到山來報告京中種種。

3月22日　晴雨相間

午前與益生續談種切，共午餐後，益生下山返
京。午後靜齋由北平來報告華北情形，傍晚別去（彼
寓鐵路飯店）。

3月23日　陰

午前鄭索田由歐歸來訪，要求介紹見暢卿也。午後
靜齋又來談（會務與其舊日經過），共晚餐後別去。

3月24日　陰雨

午前種樹十二株。午後仲勛由京到山報告內政部到差後經過，即寓山館。

3月25日　晴

午前與仲勛商談政整會與內政部兩面經費與人事等各項問題。午後偕仲勛出散步。（是日午後傑才到山）

3月26日　晴

正午大綱、訓予二人讌仲勛於鐵路飯店，邀予陪座，讌畢，仲勛下山返京，鹿君同去（予囑其赴武昌一晤岳軍）。傍晚雷雨忽作，公權自滬秘行到山，來商近日忽起之金融風潮，彼託代電介石探詢究竟，予允之，是日談至更深始寢，相與唏噓者久之。

3月27日　雨霧

晨六時半，公權下山赴京，當即代拍一電致介石，同時電話通知震修，囑往晤公權。午後得有壬電知《朝日》訪問機主幹神尾氏，已於本晨由京乘汽車來山，當即飭訓予赴庾村照料，值至晚八時始到山，寓鐵路飯店。據訓予回報，彼於午後二時到山，因無護照被警所阻，復乘車至杭請日領事發一護照再來，故到山甚遲等語。嗚呼！國民情感恢復之不易也。

3月28日　霧

晨八時神尾來談二小時，仍囑訓予送下山，彼亦深

以外人策動為慮（英使南來，提出共同借款問題）。午後電滬市長鐵城，告以神尾行程。

3 月 29 日　陰晴相間

午前公權由滬來電話，告我在京與汪、孔會晤情形，并繼任實業部事。午後有壬由京來晤，帶到與英國談話紀錄及往返節略稿，值談至晚飯後，九時始別，約次晨再來。

3 月 30 日　陰霧

午前十時有壬來談，共午餐後告別下山。有壬現年四十二歲，正壯年有為時代，然已萌退志。

3 月 31 日　晴

午前讀書。午後性白偕競心來談學校農場事。三時半真兒由滬春假到山，傍晚陳直生來商杭宅及文治紀念圖書館兩圖樣。晚餐後大綱、訓予、傑才等來雜談一小時。

4月1日　晴

午前種樹數株，午後閱讀郵到文卷（是日起，醫生復來打針）。

4月2日　晴

午前閱讀文卷。

4月3日　晴

晨八時乘輿遊福水，同行者除英妻、真兒外，有傑才、訓予、大綱及姚富順、楊竹亭（護兵兩人）等，在崔家村崔寶元宅午餐（崔有姪，名崔文忠者，在小學四年級）。餐後由平地繞道到庾村（計十三里），沿路杜鵑盛放，真是自然界之一大花園。到庾村後，往視新闢農場一週，英妻復訪三嫂。

4月4日　霧

午前與英妻商談時局及進退問題，未能即決。午後吳蘊齋攜其子姪來訪談。

4月5日　晴

午前理髮師來理髮。又葉揆初君來晤談。午後馮醫生五昌特由杭來訪病狀，談一小時即下山返杭，因彼為其母做佛事於雲栖也。

4月6日　霧

午前著訓予赴杭辦理庶務，並代表至雲栖致祭。午

後馬曉軍由京來請見，適因桐生由平到山，正商要公，未予接見。桐生即寓山館，是晚談至十時（是日鹿君使鄂歸，報告岳軍所談各節，甚得要領）。

4月7日　霧

午前英妻率真兒返滬，送入學。午後高訓予由杭歸，報告內田勝司偕峰十太郎同來，寓鐵路飯店，約明晨接見。

4月8日　霧

午前九時半內田偕峰來雜談東京內情，桐生亦參加討論。午餐後內田等始告別下山返滬，仍囑訓予送至庾村。傍晚墨正偕壯華由杭到山，墨來報告會內經費事項。

4月9日　霧

午前墨正、壯華、桐生等又相聚雜談。午餐後墨、壯下山返杭。午後與英妻通一電話。傍晚至515號視察。（是日姚富順來談崔家村松山事，未決定。予送姚、崔禮各一份，每火腿兩只、綢一疋。）

4月10日　霧

午前與桐生推敲華北局勢，決定暫謀擺脫。午後與桐生出散步，參觀炎之、青甫兩兄新築。

4月11日　陰

午前再給桐生赴日旅費壹萬元。午後英妻由滬返山，乃共同討論連日與桐生商談各節，英妻亦極堅決謀擺脫駐平職務。

4月12日　霧

午前桐生告別下山。午後整理英妻由滬帶來文件。

4月13日　晴午後雨

午前植樹並下種十八株（美副總統囑美使詹森，送英妻美國核桃種子六種）。午後周科長頌吉由京到山，帶到正義暗殺團（即去夏炸北寧車者）謝朗夫自首函數件，奉陶次長命來請示，予主張從寬辦理。傍晚厚生亦由滬到山。

4月14日　霧

午前頌吉與鹿君同下山，頌吉返京復命，鹿君因公赴平津（直卿來電，要求鹿去）。午後與厚生雜談。

4月15日　霧

午前厚生下山返滬。午後讀雜誌情報。

4月16日　霧

午前何惠人（諸暨，何競武同族人也）來談杭州市政。午後斯夑卿由平返杭，來山謁晗，晗談一小時下山。

4 月 17 日　霧

【詩四句】

午前成詩四句如下：「力薄難回劫後災，莫干小住賦歸來。簷頭春雨連宵滴，眼底迷雲那日開」，下四句待續。午後覆友人函。

4 月 18 日　霧

午前得桐生電，知華北聯航問題，日人已於昨日開始強行。中央國防會議有人主張扣押，汪主慎重等語。午後又得桐生由徐州來電，報告一切。

4 月 19 日　陰霧相間

午前因航空問題，覆桐生一電有所指示，有「彼既越出範圍，我已卸去責任」之語，蓋欲表示抗議也。又電蔣、汪告經過，並陳述意見。午後真兒自滬歸（學校移居，放假三天）。傍晚得汪、唐二人電各一通，遂決定明晨赴杭與汪會晤，商討一切。

4 月 20 日　晴霧相間

午前七時半下山赴杭，先訪青甫，商定叔魯售書事及莫干山管理局改組事。十一時精衛由京飛到，即在省府演講（對全省縣長講習所）。講畢，同赴樓外樓午餐。午後在中央銀行樓上與精衛商談時局（外交、金融、剿匪各項）。四時精衛告別起飛返京，予又至省府對各縣長講演，演畢五時起程返山，抵山館已八時。

4月21日　陰

午前季實由滬來談華北特稅事，予未之允。又新任政整會委員耿鶴生由滬來訪，談華北各方情形，談四小時，留共午餐後別去。午後四時有壬由京到山來談時局準備，並報告各方內情，值談至晚飯後十時始別。

4月22日　陰

晨英妻送真兒下山返校，予覆連日所接函電半日。午後連接兩小時，覺伏案過久，胸稍不舒，遂止。傍晚傑才由滬歸，彼要求我為彼解除（金融風潮下之）困難，以台拉斯脫路地見商，予不忍拒，允予援手。

4月23日　雨霧

午前讀書報一小時。楊嘯滄夫婦由平到山。又張寓鋒亦由平帶馬四匹、弓劍四付到山，均留共午餐後別去。午後翟吟槐（少年同學，已卅餘年不見，彼已六十八歲矣）來談（彼寓杭蔡官巷四號，清波門）。又景妻偕陳衡哲、任叔永兩夫婦到山，即留寓館中。

4月24日　晴

午前偕叔永夫婦等遊塔山、劍池等本山名勝。午後在宅談敘。

4月25日　晴傍晚雨

午前與叔永夫婦等攝影後，彼等即告別下山。午後鹿君使平津歸來，帶到桐生、叔魯、直卿、覺生等

各方面消息數件。

4 月 26 日　霧九時後晴

午前出外散步。午後君怡由滬來山雜談並在園中攝有電影。

4 月 27 日　晴

午前覆各方函電。午後君怡偕其「正己社」同人，共十九人來茶敘（內有惲蔭棠、許長卿、楊繼增、沈來秋、莫衡、薛子莘等諸人）、遊園、試弓，並談何謂機關及如何處世兩問題，傍晚始別。

4 月 28 日　陰

晨七時半下山赴庾村試乘新馬（訓予墜馬，未傷），又在徐德勝店午餐。午後在小學觀籃球競賽（庫頭莫江小學來與莫干小學比賽），四時半返山。

4 月 29 日　晴

午前整理函電。午後至金家山散步，並在東場試弓矢。晚間對在山職員、兵士，指示測北極星方法。

4 月 30 日　晴

午前理髮師來理髮。午後炎丈、和姨到山，寓山館。

5月1日　晴

　　午前閱北平寄來書報。達一法師來晤（即陳慕修）。午後在寓與炎、和雜談。

5月2日　陰雲

　　午前覆各方函電（蔣抑卮、俞則民先後來談）。午後陳直生來決定「文治圖書館」造價。又文欽市長北平飛來報告各方近情，留共晚餐。

5月3日　陰雲

　　午前文欽再來談。正午赴蔣抑卮宅午餐。午後李擇一由東京歸來，報告在東聞見，並攜來杉山老人意見書一份，未免過於理想。

5月4日　晴

　　午前覆各方函電。午後文欽來辭行北歸。又仲勛由京來晤，即寓山館，談內政部內情。

5月5日　晴

　　午前與仲勛商政整會、內政部各人事預算等問題。午後寫信與公權、震修等，託仲勛帶去。

5月6日　陰

　　午前八時半仲勛偕鹿君下山赴滬。

5月7日　晴

午前甘肅財政廳長朱君鋒民來出，談西北情形，並請作書介紹子青姪，當即予之（簡單略書數語）。午後性白校長來談圖書館建築程序。傍晚作射箭運動。

5月8日　晴

午前為聯航事覆蔣、何、汪諸人長電數通。午後與李有功視察山館修理工程，及結算工賬。

5月9日　晴

午前函厚生為學會基金之一部，囑加入江西瓷業公司股本一萬元。又覆暢卿、崧甫各一函，均為人事問題。午後有壬代汪來電告急，因津埠變化，恐將有事故也。

5月10日　雨

午前七時下山作騎馬運用，並往視察圖書館開基，即在小學午餐。是日本擬赴楊坟資福等，因雨而阻（未能結緣），乃在小學與教職員談討各項問題：（一）張教員競心擬赴桐廬；（二）賈兆卿（學生）已往防空；（三）胡炳文（學生）已往武康等等，直至傍晚始歸。

5月11日　晴

午前整理書報。午後朱枕薪由平來談津《益世報》之近情及經過（是日夜間大風並下冰雹）。

5月12日　晴

　　午前理髮。午後讀各處來情報，並由吉村處密得一提案內容，真是觸目驚心，不堪卒讀（案另存）。

5月13日　霧

　　午前叔魯、震修兩兄一同由杭到山，商談華北局勢、金融救濟及個人出處等問題。是日為陰歷四月十一日，乃叔魯兄六十初度之辰，故正午即在山館饗之以麵，午後繼續商討，值至四時半始告別下山返滬。

5月14日　晴

　　午前作書復寰澄，並整理書廚。午後子青姪由京來晤談子文近狀，及對我出處陳述意見，傍晚告別下山赴杭。又李擇一介紹陳永霖（紹興人，律師）來晤（陳在山館對面蓋新屋），談一小時別去。

5月15日　晴

　　午前與李有功丈量修理工程，給清工價，又修改予妻代譯之〈對支根本政策管見〉（係關東軍參謀副長板垣征四郎與駐屯軍參謀長酒井隆，共同提出於長春之外交會議，並建議於其東京之中央政府（吉某密送來））。午後炎丈、和姨到山，留寓山館。

5月16日　晴

　　午前批閱北平寄來函件及情報。午後與和姨、炎丈等雜談。又學校同人八位，同登山來敘，饗以茶點

後別去。

5 月 17 日　霧雨

午前葉君蘋生由東京奉桐生命，賚第一次報告到山，知對方內情亦極複雜，並帶到竹製細工具數十種（將陳列小學，作為標本），又農科書籍九十餘冊（擬帶交學會，擇尤翻譯）。午後修直借子涵來山，詳報天津近情，知省府之措置失當，深可憂慮。

5 月 18 日　陰

午前修直、子涵再來談敘，傍午下山。午後籌備明日在山借511 號屋，開竹細工展覽會，為山上竹工、漆工、銅匠等觀摩，藉以啟發其思想。

5 月 19 日　晴

午前開展覽會，山上各機關主任、各竹漆工頭，山下鄭校長帶學生廿餘人，均來參觀，午後一時畢（學生均在廊前午餐）。全部物品即送贈莫干小學，留作標本。午後鹿君由滬來，傳述叔魯意見，傍晚叔雍由北來，詳述在百靈廟聞見。

5 月 20 日　晴

午前蔡蘋生返東京，復桐生命，予所囑各節均利用「軍隊之復誦法」，託葉君轉達。又傅沅叔由杭來訪。傍午叔雍再來談，乃留共午餐。午後沅叔為山館《苔芩集》題詩。

5月21日　晴

晨鹿君下山赴滬與許長卿接洽乘車辦法（予擬定廿三日下山赴滬故也）。又電暢卿，詢介石行期。午後指示李有功做各項未完工程。傍晚起電稿通知各方，准廿三日下山，又付款二千元交與訓予為結束（電報、電話）等開銷及赴滬川資之需。

5月22日　晴

午前整理文件行李，預備明晨下山赴滬，此來一住幾將三月，回憶兩年前今日，在北平預備總退却之日，經兩年間之教訓，對方既有進無已，我方又認識未清，以致中央與地方均未能步驟一致，共策應付。前數十日中山迷霧兼旬，曾作詩四句以自嘆：「力薄難回劫後災，莫干小住賦歸來。簷頭春雨連宵滴，塞外迷雲那日開。」以為可以賦歸來矣。不料，各方友朋時以局勢未穩來相纏擾，不得已再下山一行，擬赴渝、鄂與介石一談。

5月23日　晴

晨下山返滬過杭，訪青甫談一小時。午後三時抵滬寓，知汪精衛在滬，乃即電詢，答不在家，傍晚復電詢答猶未歸，（晚間叔魯來共晚餐）。

5月24日　晴

晨翊唐來談東三省情形，陶益生由京來報告內政部部務。又理髮師來理髮。午後周志成、蔡勁軍、陶

幼笙先後來。

5 月 25 日　晴

晨九時半偕王長春出訪磯谷武官，長談兩小時半，知對方醞釀已成，華北又將多事。予雖在呈請辭職之中，然事關國家大局，不能不奮最後之餘力。不料舌敝唇焦，無補於事，蓋彼方蓄志已久，我方又太不爭氣，祇能嘆劫數未已而已。午後急電告介石，請其注意。四時見新聞記者，談一小時。晚間有壬來談，然汪已回京矣。來去閃爍，真令人莫測高深。

5 月 26 日　晴

午前在宅先後接見佐藤海軍武官，崛內參贊、上沼記者（大阪《每日新聞》）。午後擇一偕坂西來。又莊崧甫來，為王垚說項（晚間庸之來訪談）。

5 月 27 日　陰

午前陳藹士、高宗武先後來談。正午赴庸之宅午餐，同座僅子文、叔魯。午後任之來談，出示周孝懷函，報告津中隱患。傍晚六時始由汪精衛電約，赴曾仲鳴宅談晤，計抵滬至今已第五日矣，然亦談不出要領，僅相約各電介石而別。歸寓後如約電介石，請速決大計，以免一發而不可收拾。

5 月 28 日　晴

九時橘三郎來謁，十時唐有壬來談，十一時周作民

來晤（與之談農村指導員畢業後服務辦法）。午後叔魯
來談。傍晚再訪精衛，均以未得介石確復，無法決定應
付為辭而別，是晚汪返京。

5月29日　晴

　　午前福開森（舊美國顧問）、吳鐵城先後來訪，午
後蔣孝先由平來謁，予因華北糾紛，彼亦為日方注意之
一重要人物，乃詳探其內容，似彼亦十分為難，亟願擺
脫，乃略為寒暄而別。又任叔永來訪（是日北平已接到
日方正式表示，但公電尚未到）。

5月30日　晴

　　九時叔魯來談（震修同來）。十一時比使紀佑穆來
送勳章（比新王送）。午後北平電到，知日方表示之內
容，牽涉範圍極廣，真是難堪已極，當即飛轉蔣、汪，
並略附意見請示。又橘三郎偕正金上海支店長矢吹來。
五時磯谷武官偕同影佐來答拜，並告我昨日酒井在平提
出各節。蓋彼等均息息相通，南北呼應者也。談話之
中，突詢我昨日蔣孝先謁公，究為何事？予毫不掩飾，
坦然對之。然我之來客，當日即為日方所偵知，足徵為
人作爪牙者之多，幸予始終以公正坦白之態度處世，故
尚無侷促之必要也。

5月31日　晴

　　午前叔魯來商出處，談兩小時。又亞農來報聞見，
此公量窄而眼光較短，日來對我個人雖極善意，然對大

局不免有幸災樂禍之嫌，予力勸之，彼似稍有領悟而去。午後影佐又來訪，對桐生稍露不滿，予力為解釋。五時陳光甫來談，彼對時局（政治及金融），極為焦灼，乃往訪庸之，約定晚間庸之來商之後，我與庸之各發一電，主張介石回京一行，方有辦法。

6月1日　晴

晨蘭兒偕義舫起程赴歐。又厚生來晤。

6月2日　晴

晨有壬自京來晤，予勸其往探磯谷。午後青甫來詢問時局內容。傍晚晤磯谷後再來談，似有壬過於樂觀，甚可危也。

6月3日　晴

晨陳覺生由平來晤：（一）報告酒井談話；（二）請示農養所學員實習辦法。午後叔魯來晤。

6月4日　晴

晨覺生將返平，又來談：（一）報告與影佐談話；（二）決定農養所提前畢業。午後桐生由日歸來報告聞見，知其內政之困難，中國又將為其內爭之犧牲，可憐可慮。傍晚田中莊太郎來訪（舊駐津領事，新調任九江），談一小時別去。

6月5日　晴

晨叔魯來共早餐。傍午回訪伯群。正午偕予妻赴比使夫婦招讌。午後桐生來，續報告聞見。

6月6日　晴

晨叔魯來商定政整會職員登記辦法及減政辦法，即電涵青秘書長辦理。午後桐生來，續報告聞見。

6月7日　晴

晨耿鶴生來談，詢華北局勢。又庸之、厚生先後來晤。午後桐生來，續報告聞見。

6月8日　晴

晨達齋送信件來，並談金融界恐慌情形。九時戈卓超來談，九時半齊世英來晤。十時囑李實轉告月笙兩點：（一）金融影響：（二）秩序維持。十一時桐生、叔魯共來談并共午餐。午後叔雍偕崑三來海談。又劉昌言、蔡勁軍先後來。

6月9日　晴

晨陶次長益生由京來。十時日外務省松本參謀官來晤。十一時胡政之君由東京返來談。午後橘三郎來報告吉田茂信中內容。晚有壬由京來晤，知對北方交涉，中央已決定全部接受矣（並覺悟汪先生上了廣田大當）。嗚呼！兩年來苦心維護之舊都，今後是何景象，予不忍再書矣！

6月10日　雨

午前桐生、叔魯來談。午後聖禪由閩來晤（晚庸之來訪）。

6月11日　陰

午前出訪孫哲生，在孫處又遇吳鐵城，共談時局，交相感慨。歸來時，桐生在寓候，乃商定本晚桐生入京

一行。午後叔魯來談，並得敬之電，知華北交涉已於本
日正式答覆一律接受（軍隊、黨部一律撤盡），今後之
河北必將成為有實無名之非戰區。哀哉，國人其念之。

6月12日　晴

晨得敬之電，知日方擬成《覺書》，要求簽署，並
附有新要求三項，敬之拒簽，形勢又緊。敬之并又另電
促我北返。午後叔魯、作民、公權等分別來訪。

6月13日　晴

晨起閱報知敬之已於昨晚深夜攜眷由西便門上車南
行。桐生被中央力促來電，准本晚北上。午後叔魯來表
示：「如中央能開去市長一職，即可乘機飛平」，予乃
據之以電汪。晚間厚生來談（長途電話電南京，邀震修
來滬）。

6月14日　晴

晨震修由京來晤談，頗澈底。又唐佛哉代表韓向方
為冀省府若改組，擬推荐鄧仲知長民政事；劉芹堂持孫
仿魯函來訪，為如北返，該部擬隨行事。嗚呼！國難至
此，各有各的天地，至可嘆也。午後叔雍來談（晚庸之
代表中央來訪）。

6月15日　晴東南風頗勁

晨何西亞來談時局。午得汪電謂敬之已到京，促約
叔魯共同入京商討時局，適乙藜來訪，傑才亦主張一

行，乃復電，允本晚車去。午後約震修、叔魯來談商，決同行。又託叔雍發表談話，晚十一時乘車入京。

6月16日　雨

晨抵京和平門車站，有壬、益生、修直、仲鳴等來接，即寓江蘇路47號（新租京寓，電31142）。九時偕叔魯赴汪宅晤汪，商談一小時半（決派叔魯代理政會，津市派商震兼代）。十時半偕叔魯訪敬之，談一小時半歸寓後，喜多來見。午後三時再赴汪宅開行政院各部會談話會，商討對日辦法（《覺書》問題），辯論甚多。亘四小時，大致均為有理性之討論，獨交通部長朱家驊別有作用，無理高調，且態度亦甚無理。晚間赴震修宅便飯。

6月17日　晴

午前謁林主席，於國府長談兩小時。午後出訪葉楚傖，談一小時半。正午在敬之宅午餐，同座有朱益智、唐孟瀟等。

6月18日　雨

晨精衛由滬歸京下車即來訪。未幾，有壬又到，乃照連日商討結論，在本日行政院會議擬決定：（一）察省主席宋哲元另有任用，免本職，即以民廳長秦紹文代理；（二）郛以「因病未能視事，特派王克敏代理委員長職務」；（三）天津市長著商震兼代。九時汪、唐去開會，予出訪孟瀟（談半小時）、雪軒（未遇）、立

夫（談一小時半），正午歸，益生、靜芝先後來報會議
情形（靜芝密告汪唐會議席上措辭甚不妥，有察省事係
黃、何兩委員長意見，政會事完全由黃決定，繼有人詢
王肯去否，汪謂前次令王克敏為津市長，王不去，乃黃
叫他不去，此次代理政會，黃叫他去，王無不去之理等
語）。午後須磨來。傍晚敬之來談一小時。晚餐後偕
叔魯赴汪宅再談（叔魯受命後，予請注意善後事項）。
同座有有壬、楚傖、敬之等，直談至十一時握別，赴
站上車返滬。

6月19日　雨

晨抵真茹站下車，因連日在京睡眠不足，即睡兩小
時半。後擇一來談。又叔魯來報告見磯谷談話情形。

6月20日　雨

晨出訪鐵城、公權，均未遇。歸後鐵城、厚生先後
來訪。正午叔魯來午餐話別，並與之接洽會內各務。午
後橘三郎來，又子青姪來長談，乃託其飛蓉代達種切，
並面呈要件。

6月21日　陰

晨達齋來訪，午後請中醫王仲奇（請一次四十二
元，貧者不能病矣）來診治鼻、臂等症。又寰澄來訪談
兩小時，予付以租金五百元賃宅511號山屋。傍晚王長
春來告擇一、亞農等在外言動。

6 月 22 日　雨

　　午前周作民來訪談，告我監察院對我搗亂情形（彈劾文另存），係楊千里、王祺、王陸一等主動。正午答訪王曉籟未遇，留片，乃至叔雍宅與各新聞記者共午餐，談三小時。午後公權、修直、丁紹伋（託伊往訪，并探詢林震公）等先後來晤。

6 月 23 日　雨

　　午前整理文件、收據、電稿等項。午後有壬由京來談，京中乘機搗亂者正多，然均係一種獵官運動。晚間達齋來晤。

6 月 24 日　晴

　　晨八時訪公權商談：（一）金融情形；（二）北局變化（叔魯與彼所談經過）。談一小時半歸寓，湯德民（奉蔣銘三命來探詢大局）、王樹人（由平來報告敬之倉皇出走之經過）先後來晤。午後柴山偕其夫人來。傍晚有野來，帶到重光次官禮物一包（銅製小型鳥一對）。

6 月 25 日　晴

　　晨陳直生來談圖書館水電問題。午後整理文件。

6 月 26 日　雨

　　晨立孫來談津浦事。正午伯樵夫婦（昨自歐歸來到滬）來共午餐，此次伯樵醫病頗有效，兩目能視、兩手

能舉，真慶事也。午後公俠主席，由閩到滬來訪。叔雍聞京中彈劾案，擬趁火打劫，來探口氣，予正色嚴詞以拒之。晚柴山夫婦來晚餐，書扇以贈。

6月27日　陰

晨孟餘部長來訪。午後仲勛、炎之來晤。

6月28日　晴

午前鎔西來談晤。午後公權來晤。

6月29日　雨

晨陶次長由京來報告一切，極為瑣碎，談兩小時。正午敏、芳、梅三外孫女來共午餐，真兒亦從學校放暑假歸來。午後鹿君、炎之來談。

6月30日　雨

晨厚生來談學會事。

7月1日　陰

晨岳軍由京到滬，對時局為長時間之商討，並報告在京所談經過，正午始別。午後赴炎之宅回訪。又君怡來談。晚岳軍來共晚餐，並談至十一時始別。

7月2日　晴

晨朱公使鳳千來談外交部部內情形，及兩年來京中對我策動情形。傍午伯樵來談。午後王醫生來復診。傍晚公權來商中央銀行代理事。晚間有壬來報告汪病及華北宋、蕭要求（宋為冀察綏靖主任，蕭為北平市長），適叔魯有電來請示並告急，嗚呼！不識大體至此，亡國條件真是十足具備矣。談畢，急電告叔魯、文欽二人（並電桐生，囑其謹慎）。

7月3日　晴

晨達齋來託其代辦旅卷，以備萬一。又王長春來報告「新生」社不敬事件之交涉內幕。傍午岳軍來談與磯谷、有吉、百武分別會晤情形，及託季寬飛蓉報告與獻替之內容。午後伯樵偕劉海粟來訪（劉贈我自作之《天馬行空圖》一幅）。又朱式勤、唐圭良、張公權先後來晤。

7月4日　晴

晨乘車赴杭轉山，午後三時一刻抵山館，頗疲乏（過杭站時，黃秘書長華表、周市長企虞來招待，甚歉謝）。晚電告介石、叔魯、亮才、文欽、桐聲、涵

青諸人，謂已返山。

7月5日　大霧

昨日以來，似胃腸又感不適，除覆叔魯、仲漁各一電外，完全休息。

7月6日　陰霧

晨下山赴莫干小學出席第一屆高小畢業典禮，予演說：1. 勿忘本；2. 勿圖僥倖；3. 校訓現代化；4. 要自覺。又該級主任張競心教師講演，師生均下淚，足徵該校精神感化尚有足稱者。禮畢已過午，即在該校午餐。餐後，往勘圖書館工程。午後四時返山，晚間在寓嚴訓真兒。閱報（是日嵩聲姪考列第二得獎，予頗安慰）。

7月7日　雨霧

晨覆敬之、涵青各一電，又覆友人函六通。午後檢閱舊文電。

7月8日　霧悶傍晚大雨

四、五日來腸胃異常不適，本日左側面且時感隱痛。午後電小學請性白偕卓校醫上山診視，因舊法以米、麵、煆炭吞服之（午前朱式勤由滬來談，午後張寓鋒由平來）。

7月9日　陰霧

晨起覺胃內稍舒，舊醫法頗見奇效，蓋予因車中吃

蛋炒飯及四日吃烙餅，或有積食故也。傍午俞則民管理
局長來。午後揆初來訪，適因午睡未接晤。

7月10日　霧

晨得仲勳電知湛侯已復自由，業已過京轉杭，當即
作一書慰之。午後披閱北平寄來函電及剪報，並一一裁
覆之。傍晚炎丈、和姨到山來談敘。

7月11日　雷雨後放晴

晨得湛侯由杭來電話，聞其聲知其神似尚活潑，並
不因小受挫折而有所變化也。午後和姨來晤。

7月12日　晴

晨出訪揆初雜談時局一小時半，又訪抑卮，在彼處
並遇叔通、禮卿諸人，談至正午方歸。到寓後知親家計
夫人率其子女（晉官與德小姐）到山（來領嵩聲姪往考
嘉興二中），乃共午餐並留寓515號。午後鹿君由京滬
歸，報告聞見。

7月13日　晴

晨與寄兒、晉官四姪、嵩聲及德小姐等共早餐。餐
後與李有功算清本年度工料賬（加付三千，前後合共
五千元）。十時半姜松年（吉林人，北大學生，現充政
會專員）由平到山來晤，予為之書扇面一柄。午後青甫
兄、湛侯姻丈均由杭來山。傍晚率領各親友家老少赴塔
山公園野食。

7月14日　晴傍晚風雷甚大

晨青甫兄嫂來談，留共午餐。午後方縣長聘三來。

7月15日　晴傍晚大風雷雨

晨赴公益會開董事會，到炎之、青甫、揆初、理卿及張光倫、王吉民諸人，討論本山改革事務。午後陳福海君囑其子炳炎來謁（因已在震旦大學得電汽學士位，將赴法留學，特來請益），談兩小時。

7月16日　晴

晨致岳軍、有壬、文欽各一電。午後炎丈、和姨來談敘，是日午前太虛法師來訪談。

7月17日　晴

晨小學鄭校長偕張競心、張小鶴、楊肖才及祝先生等來山，報告小學放假及討論開暑期講習班事。正午赴蔣抑卮宅午餐。午後袁市長派孟錫山送安哥拉兔種一對到山，當即交小學收飼。傍晚王大綱由禾歸來銷假。

7月18日　晴

晨赴86號應吳蘊齋約，往聽「季聖一」（蘇人，日本高工留學）居士講佛學，約一小時半，出訪太虛於50號，並至95號訪湛侯（彼於本日始正式攜眷到山避暑）。午後湛侯偕其夫人來回訪（是日晉仁偕嵩聲姪赴禾應二中考試）。

7月19日　晴

晨王有芳來訴山上用水及工人糾紛事，又覆克之、亮才、立孫、益生及章夔一等各函。午後鹿君、炎之來雜談。

7月20日　陰

晨覆叔魯一長函，又發致文欽、式勤各一電。午後施省之來訪。傍晚仲勛、夢漁等由滬到山。

7月21日　晴北風甚涼

晨錢新之、俞寰澄分別來晤。又理髮師來理髮。十一時徐季實由津歸，報告津市府近況。午後周頌吉科長由京奉陶次長命來山請示各項部務，處理問題，留共晚餐。

7月22日　雨霧

晨覆暢卿一長電，痛論時局。又頌吉來辭行下山，回京復命。午後仲勛、鹿君來商，派鹿君北行晤叔魯、桐生、文欽諸人，並囑其晤墨正，傳達一切。

7月23日　霧

晨覆桐生、立孫、式勤各一電。又出訪靜江、新之、寰澄、省之、仲勛、湛侯諸人，正午始歸。午後覆青甫、王樹人各一函。

7月24日　霧

　　晨張景淵（素不識，青年會服務，來求售書者）來訪，購《新奇的時代》十冊，給洋卅元。又夢漁、仲勛先後來辭行下山。傍午潘鴻全由遞舖來訪，老境蕭條，不勝今昔之感，乃送旅費貳百元。

7月25日　晴

　　晨寄兒，晉仁偕四姪嵩聲由禾應試二中歸來，報告嵩聲考取，名列第七（四百人應考，取一百名），予甚為安慰。午後在後山看游泳。傍晚炎丈、和姨來談。

7月26日　晴

　　晨湛侯夫婦來雜談（時事及農村問題），並留午餐。午後赴公益會請太虛和尚講演，聽眾滿座，外賓亦十餘人，講題為〈佛法〉，頗圓滿。傍晚歸寓，唐次長有壬由京來，在寓候焉，乃留共晚餐，談：（1）對對日方案之介石意見（此方案係公洽、有壬、天翼、季寬、岳軍等所擬）；（2）內政部接辦稿本審查事；（3）雜談京中無主之現狀，晚九時半別。

7月27日　晴

　　晨批覆函電一小時半。十時有壬再來談，並留共午餐後別去。午後鑄夫率其家屬來訪，談一小時。又在東平場試乘新自行車，並囑真兒練習。晚炎丈來，謂明晨將赴滬一行。

7 月 28 日　晴

　　晨黃在中、楊守茂由滬來報告衛士隊由鄂到滬，改編路警經過。又湯愛理來訪談一小時。傍午小學各教員到山，留共午餐，並商下學期應辦事項，直至午後四時半別去。晚間修直次長由京到山，來報告聞見。

7 月 29 日　雨

　　晨讀書報兩小時。傍午修直來共午餐。午後在東廣場試乘自行車運動。

7 月 30 日　雨霧

　　晨袁守和由平來晤談北局，相與歔欷者久。又修直來告辭下山，因彼將北行，託：（1）轉告文欽注意大局；（2）告仲漁略加勉勵；（3）告桐生參考事項。午後赴公益會聽太虛法師講〈照見五蘊皆空〉，頗透澈。

7 月 31 日　陰霧

　　晨覆岳軍、覺生等函電。又沈馥庵、陸恩傑先後來訪。午後炎之由滬歸來報告滬寓細務。

8月1日　霧雨

晨作書寄譚炳訓（為編纂明陵修繕簡冊）、何傑才。又俞則民局長來談。午後赴公益會先開董事會，會畢繼續開會員大會，行新選舉。

8月2月　霧陰

晨覆叔魯一長電。午後赴公益會聽太虛講演，題為〈因緣生法與阿賴耶識〉。

8月3日　霧雨

晨青甫由杭來談。又陳直生來商圖書館裝置電機事。又理髮師來理髮。午後炎丈、和姨來敘談。

8月4日　霧

晨覆介石（邀同遊峨眉）、桐生、岳軍等電各一通。又俞寰澄來雜談。午後清甫兄嫂來晤談。

8月5日　雨霧

晨答訪青甫。正午在宅以素席讌太虛和尚，請靜江、省之、仲鈞、寰澄、湛侯、聖一、斐諶、則民諸人作陪。午後赴公益會，係愈局長則民見邀，商召集住民會議事。

8月6日　陰

晨作長函覆叔魯。又趙才標由平來訪。午後赴公益會開新董事第一屆會，予曾擔任董事長。傍晚歸來，伯

樵夫婦已由滬到山，即寓山館。

8月7日　陰霧

晨趙才標再來談，並辭別下山。午後寰澄、湛侯來雜談。傍晚在東平場看運動會演習。

8月8日　嚴霧

晨與伯樵接洽衛隊交替事。又批閱函電，知灤州駐軍隊長劉佐周被刺案，又將為日人藉口尋釁之資，至為憂慮。

8月9日　雨霧

晨查勉仲持任之函由滬來訪，談北平藝文中學事。又褚民誼由京到山來談療養院事。午後得京電，知汪於昨日電京辭本兼各職，囑有壬即發表，是中央政局又發生問題矣。四時冒雨赴公益會續商住民會議事，傍晚歸。

8月10日　陰晴

晨為特費事拍兩長電致叔魯、庸之二人。

8月11日　晴

晨覆各電八通。午後在東平場開「二四運動大會」，各親友家子女參加者44人。傍晚給獎散會。後赴張慰如、張嘯林宅之讌，讌畢，歸寓已九時半。

8月12日　晴

晨伯樵夫婦告別下山。又王有芳來商汽車停留場事。又子青姪派陳竹懷來山商農村合作所畢業學員事。午後炎丈、和姨來談。晚赴靜江宅讌，捐出《佛教日報》社洋貳佰元。

8月13日　晴

【是日介電邀赴牯】

晨趙才標（為政訓所造報事）、馬伯援先後來訪。午後仲勛由京來，遠帆由平來報告一切。是日正午赴曾鎔浦、沈叔玉宅讌。

8月14日　霧雨

晨王有芳來請商庾村汽車停留場事。又理髮師來理髮，傍午遠帆又來談。（是日仲勛由京來山報告瑣碎聞見）

8月15日　晴

晨遠帆來辭別下山，告以平市府應付時局辦法，應以六中全會為樞紐。又幼時同學翟衡卿由杭來訪。正午赴六月息園應俞寰澄、俞則民之邀午餐。午後得介電，可勿往牯，約在京晤談。晚間在東亭賞月（陰曆七月十七日）。

8月16日　陰霧午後晴

晨出訪唐寶書、陳理卿、陳萊卿諸人。正午至太虛

寓所午餐。午後與傑才下象棋消遣。

8 月 17 日　陰霧

晨覆函電十數通。午後鹿君由平返山，帶到函件。

8 月 18 日　下午大雷雨

晨俞樵峰次長來訪，談通航事。正午赴施省之宅午餐。午後潘尊行君由杭來訪（已廿餘年不見，依然談笑風生）。

8 月 19 日　晴

【入京晤介石】

晨下山由汽車赴京應介石之約，下午二時抵湯山，陶次長、葛司長來接，即在陶廬入溫泉浴休憩二小時。五時半抵江蘇路 47 號寓所，岳軍由青島飛回京來訪，報告在青島晤汪經過，知汪已於本日由青飛滬。

8 月 20 日　晴間雨

晨八時介來電話約往談，討論時局，至十二時始別。中間季陶、元沖、哲生、來打叉三次。午後雨岩、有壬、敬之先後來訪。晚間偕雨岩訪岳軍於首都飯店，褚民誼在焉，知汪允於本晚來京晤蔣。

8 月 21 日　晴中午大雷雨

晨性元妹來訪。又直卿由津來晤談，未多時，汪精衛來電邀往談，至則岳軍在焉。未幾，王雪艇、唐有

壬、葉楚傖先後來，最後介石亦到，討論汪之復職問
題，值至中午未得確實結論而散。正午赴首都飯店應何
敬之約午餐，遇鐵城市長，飯後歸寓。小憩後，直卿來
長談華北複雜各情，當然不堪聞問。傍晚有壬神色倉惶
來報汪不復職。又岳軍來共晚餐（是餐係靜芝局長送來
美麗川菜館席）。

8月22日　晴

　　晨出訪雨岩（談一刻鐘）、敬之、鐵城（均未
遇）。歸寓後，介石來訪，知本晨中常會已解決汪之復
職問題，又面交特費核銷公文一件。十時復至介石宅與
雨岩再晤，共談雨岩回大使原任後應付方略。午後須磨
日領事、雨宮日武官分別來。晚間赴介石處晚餐。

8月23日　晴

　　晨七時半乘汽車返山（岳弟來送行，又介弟於八時
西飛）。正午抵庾村進午餐，餐後視察新築之游泳池、
圖書館，即乘輿上山。傍晚直卿來談敘。

8月24日　晴

　　晨張競心來請求為其曾祖母題〈像贊〉，允之。又
寰澄來談，商定511號屋換讓事。正午直卿來共午餐。
午後炎丈、和姨來敘。

8月25日　晴

　　晨王有芳為庾村汽車停留場事求援手，彼去後，予

約高管理員（公路局）來談，為其調解。午後修直由京來晤，詳談此次到平與內外各方人會晤情形。

8 月 26 日　晴

晨覆岳軍一函。又陳直生來商511 號屋改造事。又鑄夫偕其夫人、小姐來晤。午後修直、直卿、炎丈來晤。

8 月 27 日　晴

晨朱枕薪、程遠帆先後由平來晤，無非事後來相激勵之談。午後再與直卿、修直等談晤。又寰澄來訪，再商 511 號屋調換事。

8 月 28 日　陰霧

【中政會通過政會撤銷】

晨修直返京來辭行。又理髮師來理髮。午後直卿、鹿君、炎之等來談敘。

8 月 29 日　晴

晨炎之來辭行返滬。又寰澄來雜談一小時。又陳直生來商訂 511 號屋改造圖樣。午後整理文件。

8 月 30 日　晴

【是日發表政整會撤銷】

晨予妻率真兒下山返滬送入學。予與直卿談敘一小時。又趙照松司務、陸更生局長先後來。午後出遊陟屺

亭，並訪葉揆初未遇。傍晚杜月笙、張嘯林同來。

8月31日　雨

　　晨直卿偕鹿君下山北行，午後揆初、新之先後來
談，聞本年絲價較高，桐油輸出較多，除兩湖被水災較
重外，餘省收成較好，又因提倡國貨及農村疲弊之故，
近來輸入較少，因上四因，故金融恐慌反稍得蘇緩之
機，是殆所謂天不絕人歟。

9月1日　霧雨

晨整理文櫃。又性白校長來談校事，並由共午餐。午後讀書下棋，又作書寄予妻。

9月2日　霧雨

晨電燈廠蔡司務來商圖書館裝電燈事。午後整理前政整會文件半日。

9月3日　霧

晨作書覆三外孫女，又寄函雲妹。傍午王有芳來。午後寄書君怡為鍾靈發明壓力植物油燈事。

9月4日　雨霧

【憲法意見】

晨讀滬來報件。又陳布雷君奉介石電命來交換憲法意見，予主張：（一）議會本身採取兩院制，上院以與國家有休戚關係而不帶地方色彩者充之，下院則選自各省市與地方有密切關係者充之；（二）中央政府採取責任內閣制，僅總理由總統提出，國會通過任命之，餘均由總理完全負責（但以中國之大，人事之繁，欲內閣不常常搖動而政務又得推行無阻，似地方非採取均權制不可，如下條）；（三）地方政府採取「多級總攬制」，即中央以下有方面（分全國重要各區，設置四、五個巡督大員，領二省或三省），方面以下有省，省以下設府，府以下設縣，而每級均總攬其轄區內之民、財、教、建全責任，此為予對憲法之大意也，談約一小時半

別去。正午在宅讌揆初、抑戹及山上各機關領袖，午後與傑才談憲法實施前，改革中央現政制之過渡辦法，即：（一）將國防會議併入中央政治會議；（二）規定中政會為議政機關，舉正、副議長，大會由正、副議長召集，廢星三例會；（三）中政會有五種大權，1. 立法權、2. 彈劾權、3. 院長任用同意權、4. 預決算審核權、5. 外交協贊權。因此可將任中央政會人員分組五個專門委員會：1. 外交委員會、2. 財政委員會、3. 銓衡委員會、4. 立法委員會、5. 監察委員會；（四）各項議案，大會對內應尊重各專門委員長之意見，對會外仍守全體負責之紳士態度；（五）中政會會員一人不得參加兩專門委員會。此為予對過渡辦法之大意，擬即囑傑才起草，供獻當局參考。

9月5日　晴

晨覆精衛、岳軍、亮才等各一電。又參閱各種憲法意見書及地方制度改革論。正午赴菜根香應王有芳之讌。下午趙才標由杭來商討政訓所造報問題。

9月6日　晴

晨作書寄雲妹、直生等。午後理髮師何敬三來理髮，聞彼將下山，予助其三個月經費，共66元，囑其延至年底。

9月7日　陰霧

晨作書寄介石（交由布雷轉陳），陳述對於制度

改革意見（稿另存），此稿竟整日之力而成，夜十一時半始脫稿。

9月8日　晴大熱杭州室內96度

【墜馬受傷】

晨下山，剛上轎即見前面轎夫所穿公製背心，其號碼為（13），予因平素不甚迷信，故雖偶一轉念而並未深刻注意，抵庾村後照豫定程序先乘馬（同乘者為性白與許青山），至二公里半處，墜馬受傷，忍痛跑步，防滯血也。未幾，痛止汗停，仍乘馬歸小學，傷處（手皮傷、臀部內痛）由性白代敷碘酒後，即照程序仍召集小學同仁訓話〈小學之使命〉，講二小時，後與教員、學生同餐，餐後，自覺稍有熱度，乃上樓休息二小時（假睡而已）。醒來覺臀部隱痛，舉步伸屈頗覺不便。三時半起身赴杭，至湛侯處說明情形，乃急延子美姻丈來診視，內外兼治，並命安睡不動。是日熱度為卅八度半，脉博 100，夜間湛侯睡在隔室，聞我終夜呼吸似甚疲乏者然。

9月9日　晴大熱

傍午青甫來訪，推荐傷科中醫虞祥麟來診視，施按摩後貼特製膏藥，謂傷不重，三、五日可起床云。午後熱度漸減（卅七度八）。傍晚予妻由滬到，又子美姻丈來診視。

9月10日　晴大熱

是日除醫生外，未有人來，熱度既減，傷痛亦漸輕。

9月11日　晴大熱

是日已可徐步下樓。傍晚周市長企虞來訪談。又晨十時頃陳直生偕金龍章來晤。

9月12日　晴大風雨

【陰歷中秋・天有不測風雲此之謂乎】

晨八時乘車返山，沿路還是奇熱。十一時抵山館，不及半小時，忽然西北風大作，其聲如獅吼，雨亦隨至，改穿夾衣尚嫌不足，是晚風雨聲未息。

9月13日　陰晴

晨起氣候極冷，寒暑表已降至六十五度，狂風尚有餘勢未盡，予則絨背心、夾襖、駝絨袍、絨圍巾，全部上身。傍午王有芳偕高開良來談庾村汽車停留場接替手續。午後嗣芳由吳興來商談山上電燈廠事。又寰澄由滬來談並交到511號屋契據等件。

9月14日　晴

晨寰澄再來雜談，並留共午餐。午後陶念新由平到來，報告卸職及受屈經過，予勸慰之，並留共晚餐而別。

9 月 15 日　晴

【騎射分會成立】

晨劚去東院腐樹一大棵。九時半赴公益會開莫干山騎射分會成立會，共到四十四人，杭州總會來代表四人（周致柔，航空校長、許紹棣，教育廳長、蔣堅慰，航校訓育主任、劉某，局長）。正午攝影散會後，即在鐵路飯店讌會，讌會性白導領下山參觀小學各種事業。湛侯偕予歸山館談敍，傍晚下山。

9 月 16 日　雨霧

晨覆北來各函件，又寄岳弟一函（附去對憲法綱要各件）。午後炎丈、和姨來談。

9 月 17 日　晴

晨學生姜松年由平來謁。午後出散步，至 501 號看臼油樹苗木。

9 月 18 日　晴

晨理髮師來理髮。又陳直生偕趙照松來簽定 511 號屋改造合同，計造價 1,3100.00 元正。午後炎之、和姨等來敍。

9 月 19 日　晴

晨學生喬耀漢由平來晤，對於北情深為慨嘆，並自告奮勇欲為予編輯演講集，談至傍午，在《白雲山館苔岑錄》上題詩一首而別。午後炎丈、和姨來談嵩壽姪赴

青島實習農場事。

9 月 20 日　晴

晨赴 501 號送炎丈、和姨下山返滬。又電性白囑
伊進行孫青鄉農場事。午後晒書（此每年一度必須之
工作，擬囑小學實施，亦即灑掃之一端也）。

9 月 21 日　晴

晨嵩雲姪來，切加勸勉及教誡，結果交洋 220 元
作為本期學膳各費（將入復旦大學土木工程科），此
子不純之至，姑再試伊一年，惟與伊約定明年暑假時，
必須得 80 分以上之成績，方可繼續，否則停止。午後
余幼庚局長由平來談，知本年六月十七北平永定門之
變，確係駐屯軍日參謀大迫所為，亦可謂險惡矣。又
王有芳來付清庚村汽車停留場代價二千元。晚間沈立
孫局長由京到山來述將出洋考察路政。

9 月 22 日　晴

晨偕予妻下山赴小學開第一次騎射分會理事會，又
參觀圖書館工程並至孫青鄉查勘地形。午後與性白週覽
小學農場及去冬所築積水池（鄉民勒碑紀念此事，並名
此池曰白雲池）。傍晚回山。

9 月 23 日　晴

晨立孫來共早餐，談一小時後下山赴杭。又趙照松
來接洽511 號改造工程開工事。午後陳熙甫由杭來（是

日，日光浴一小時）。

9 月 24 日　陰

晨李有功送賬來。午後鹿君由京到山，詳報叔魯在京行動，荒謬絕倫。

9 月 25 日　晴

晨與鹿君談兩小時，囑伊赴京警告震修等勿使叔魯太鬧鬧。傍午日光浴一小時。午後孫伯剛由平來。

9 月 26 日　晴

晨伯剛辭別下山。又日光浴一小時。午後震修由京到山，詳商對叔魯應付辦法，彼此均為之太息者久之。震修即寓山館。

9 月 27 日　晴

晨再與震修商叔魯事，至十一時震修下赴滬。傍午陶益生由京來傳述精衛意思：（一）願我對內政部不再堅辭，維持至五全大會；（二）擬聘傑才為外部條約委員會專任委員（傑才來請示，予囑其允之），留共午餐後下山。午後鄧樂來雜談（又為日光浴一小時）。

9 月 28 日　晴

晨與景英共為日光浴一小時。傍午震修由滬來電話，謂叔魯已悔悟，准於明日偕墨正到山等語。午後李穀年由平來述前戰區救濟委會夏秘書長頌來對於報

銷瑣事。

9月29日　晴

　　晨為日光浴一小時。是日候叔魯，終日未到，此等人毫無信義，不知又有何花樣。午後黃主席季寬偕其夫人來訪，且露介石對日似有不能再耐之勢。傍晚趙才標由杭來。

9月30日　晴

　　晨理髮師來理髮，又清甫兄忽由杭到，以叔魯在杭情形相告，力勸我寬大不與妄人爭，言畢即辭去。傍午叔魯偕涵青、靜齋、墨正三人到山，談二小時，無非瑣碎已過問題，態頗忸怩，詞亦囁嚅，可憐亦復可恨。午後叔魯要求單獨談話，予允之，彼乃雙管齊下（一、輕描淡寫法；一、哀懇苦訴法），陳述經過。予既連日承震修、青甫二兄先後來山勸慰，遂亦恕其既往，加以說明、安慰、勸誡而別（涵青同下山）。靜齋晚餐而別。

10 月 1 日　陰

晨墨正、靜齋先後來辭行下山。一場春夢做了兩年，今則東方微白矣。回首往事，亦復自笑。午後楊副官守茂由滬來訪。

10 月 2 日　雨

晨作書寄岳軍、震修、青甫三人。午後開單擬留交潘雪超、王大綱辦理。

10 月 3 日　晴

晨潘雪超來山，當將昨開事由單，當面指示留交辦理。傍午繆丕承偕其夫人、小孩由滬來遊，留共午餐，並送其舊作《戰後之世界》、《中國之將來》各一冊，談至三時別去。

10 月 4 日　晴

晨陸公安局長來報告防務。又當面指示王大綱交辦事件。又日光浴一小時。午後整理文件預備返滬。

10 月 5 日　晴

晨囑傑才、大勇先帶庖丁等下山返滬。午後黃在中由杭來報告前衛士隊情形，予嘉慰之。

10 月 6 日　晴

晨下山赴小學訪楊肖才病，並到圖書館視察。傍午赴杭寓湛侯宅。午後赴徐村（九溪公園附近）遊覽，見

錢江大橋工程正在進行，並至湧金門金華廟。

10月7日　晴

晨至梵村遊五雲農場，歸途由出山埠乘船繞三潭印月，回湛宅。午後出訪沈子美、徐青甫二兄，傍晚歸。壯華由甬到省，亦寓湛宅談敘。

10月8日　晴

晨趙龍文（杭公安局長）來訪。正午偕湛侯至樓外樓應趙龍文、戴雨農二氏之約，在座有周至柔（航空校長）、蔣堅忍（孝全，航校辦公廳主任）、周市長企虞、王師長敬久（八十七師）、宣處長（保安處長）、蔣志英（保安副處長）諸人，久未敘晤，竟爾大醉。醉後復訪季寬主席，談一小時。晚間《東南日報》社長胡健中來談兩小時，此人頭腦清晰，為青年中之健者。

10月9日　陰

晨乘九時半車赴滬。午後二時半到徐家匯站下車，伯樵、達齋、季實、墨正等來接。抵家後，修直、仲勛先後來訪。晚間君怡來談。

10月10日　晴

晨鹿君由京來告，彼伊被財部任為溫州關監督。又三外孫女來共午餐。午後予妻陪三外孫女出看電影，予在宅接見周靜齋（由京到）。

10 月 11 日　晴

　　晨朱式勤、何克之、趙厚生先後來訪，式勤憤慨、克之熱昏、厚生憂慮，蓋各有其本位也。午後公權來談，對叔魯事，彼頗為我不平。

10 月 12 日　晴

　　晨理髮師來理髮。又厚生來建議應往看任之病，予甚以為然，遂約定明晨去訪。午後孫軼塵、喬國章、王恪成先後來晤。

10 月 13 日　晴

　　晨喬國章、陳公權先後來訪，又偕厚生同訪任之，彼此次患盲腸炎，雖經過頗險，而終得康復，亦一幸事也。午後橘三郎來談：（一）松岡洋右擬南來見介石，囑介紹，予婉却之；（二）密告我日政府一致之腹案，1. 放棄以夷制夷；2. 承認滿洲國（事實或法律）；3. 共同防俄。傍晚唐有壬由京來談：1. 雨岩報告廣田意思三條，與橘三郎所述相同；2. 羅斯勸汪解決滿洲問題；3. 希特勒派人來，主張中、日、德聯絡抗俄。

10 月 14 日　晴

　　晨擇一、水淇先後來談（擇由東歸，談聞見，依然無甚條理；水由平來，帶到桐聲手書，並謂桐對華北現狀焦慮而繼以淚）。九時半精衛來晤商：1. 對日方策；2. 平市長問題；3. 五全會問題；4. 陶尚銘任用問題。傍午靜齋偕張伯璇來共午餐。晚間湛侯、壯華兩對夫

婦來共晚餐。

10 月 15 日　雨

晨張公權來談吉田（三井行長）告以羅斯在日交談經過。午後張水淇由平來談。鄭道儒、何競武、陳直生、李擇一先後來訪。

10 月 16 日　晴

晨赴江灣看運動會，並參觀「建築材料國貨展覽會」，午後三時半歸。四時半水淇再來談，囑速北歸，對桐生、文欽傳達京中近情，以便應付日方。傍晚公權來談：（甲）兩獨立性政策：1. 上海金融；2. 海關稅收，又談（乙）復興民族兩要點：1. 精神要聚，形式不妨散；2. 內心要伸，外表不妨屈，實屬要言不煩。晚十一時乘車赴京。

10 月 17 日　晴

晨抵京後，益生、震修等來晤。十一時赴介處談敘：（一）國際形勢；（二）經濟復興；（三）其他雜件。談約一小時四十分鐘。午後訪敬之。在寓接見靜齋，保既星、張劍初等諸人。

10 月 18 日　晴

晨震修來談「叔魯事決定辦法」。又有壬來談。午後敬之來訪，告我「與日聯航」之又成僵局，因福岡、上海線未與華北事併談，介石深不以為然故也。

晚間九時訪精衛遇騮先，彼等正在焦慮如何應付對日航談問題。

10 月 19 日　晴

【介石談話】

晨十時介石來訪，懇談西疆交通及經濟進步情形，民族復興或即在此發現一線曙光，暢談兩小時，彼此鄭重握別。彼將返鄉一行，予亦即於是日午後五時車返滬。

10 月 20 日　晴

晨修直、厚生、公權先後來談。午後炎之、壯華來晤。

10 月 21 日　晴

午前整理連日案上積件（赴京中）。午後作書寄青甫。又是日晨季寬主席由杭來訪，並詢問京情。

10 月 22 日　晴

晨赴森林公司及毛全泰兩店看購家俱（為圖書館用）。午後炎丈、和姨來談。

10 月 23 日　晴

晨王迴波、朱式勤先後來訪。又修直偕山本榮治來談（探消息、放空氣、獻殷勤，三種作用而已）。午後靜齋來同往訪張伯璇。

10月24日　陰

　　晨修直、達齋、季實先後來晤。是日寄蘭兒一函。傍午俞涵青來訪，留共午餐。午後日武官大木良枝、日使館參贊有野先後來，予乘機探其會議內容，得其大概。

10月25日　晴

　　晨理髮師來理髮。又陳直生來報告圖書館工程。午後伯樵、君怡來晤。

10月26日　晴

　　晨岳軍、有壬均由京到，先後來談，均持迴避、消極、悲觀態度。午後二時赴工程學會參觀並演講，五時半歸。水淇、幼庚均從津來，乃分別接談，詳詢北情。

10月27日　晴

　　晨致蔣一電，告以最近聞見。又楊嘯蒼君由平來。午後岳軍來長談二小時。

10月28日　晴

　　晨水淇來辭行北返，午後整理書籍，豫備運往圖書館。晚間赴炎之宅慰問（溫克急病）。

10月29日　晴

　　晨柴東生由濟南來，帶到韓向方問候函，當即覆之，並聽取地方政情。又項康元君來晤，並出示伊廠出

品。午後寰澄來談。

10 月 30 日　晴

晨譚炳訓由平來謁，報告出席文整會經過。午後王達生來，出示伊所發明之植物油燈，確較鍾靈君所發明者更簡便。又徐新六君遊東歸來述聞見與感想。傍晚王在中來，商抽調衛兵事。

10 月 31 日　晴

晨新六再來談。十一時日海武官佐藤、冲野二人來。午後君怡來，偕往參觀康元製罐廠，五時半歸寓。若杉由平來。晚間性白校長由莫干來接洽校事。

11月1日　晴

　　晨仲勛來晤。傍午得息。汪精衛院長在京被刺，中三彈已入院（行六中全會開會禮後，攝影時兇手開鎗）。午後君怡偕鍾靈君來談植物油燈事。又王樹人由平來報告商、宋間紛爭情形。

11月2日　晴

　　晨達齋、擇一、伯樵先後來談。午後若杉要來宅茶點。

11月3日　陰雨

　　晨秋岳由京來報告汪院長病狀。午後電邀公權來晤，得悉財部對金融，將於明日發表「集中現金，停止兌現，及統一發行」之大決心，參照近日政治、經濟、外交各現狀，似陰霾蔽日，白晝如夜之之天時與人事，實互相影照，可慮也。

11月4日　陰晴

　　晨電桐聲，囑其審慎，並電復仲勛。午後厚生來晤。傍晚赴公權宅晚餐，同座有雨岩、光甫、作民、新之等新從東京歸來者。

11月5日　陰晴

　　晨整理書廚。傍午錢銘禹持直卿函由津來，又面呈啟予函，報告詳情並力請再出，知北風愈勁矣。午後坂西由台灣來述閩情。

11 月 6 日　陰晴

【桐聲憤慨語】

晨仲勛（由京來）、文欽（由平來）先後來晤，知內外交迫情形，真是焦灼苦悶。並得桐聲歌電稱：「文欽被迫而去，昨晚通車赴滬，局勢至此，原非獨力所能支，然風愈烈，草愈勁，正欲使知俯仰不隨人也」等語。午後季實來，囑帶去禮物送壯（新屋落成）。又得蔣魚未電來邀，遂於本晚車入京。

11 月 7 日　晴

晨抵京後，即偕益生次長赴中央醫院探視精衛、靜江病狀。正午赴介石處敘談，並共午餐。同座有伯川、漢卿、岳軍、敬之、天翼、季寬諸人。午後三時赴陵園孔宅訪伯川，商討國策，並共晚餐。晚間赴煥章宅訪問，談半小時而歸（歸途赴勵志社訪暢卿）。

11 月 8 日　晴

晨再訪煥章，暢卿在焉。至十一時偕赴軍校訪介石，即在介石處共午餐。午後煥章在回訪。時再赴伯川處商討對外問題，伯川深以項城故事為鑑，至為憂慮，商討至七時，即在伯川處對酌，餐後又談內部情形，直談至十一時歸寓。

11 月 9 日　晴

晨須磨總領事來談：（一）幣制改革案；（二）汪遇刺事；（三）各方要人麇集大會情形；（四）聯航事

忽變方針情形，故日方甚懷疑云云，予為之一一解釋而去。又文欽、幼庚先後來晤。午後赴伯川處為各項問題作最後之討論，談至晚餐後八時半，偕岳軍、天翼、敬之等赴介石處報告，十時半歸寓。

11 月 10 日　晴

晨雨宮武官來談，大致與昨日須磨所談相同。又孫仿魯、周靜齋、許靜芝等先後來。正午仲勛邀至益州飯館午餐。午後亮才來晤。傍晚有壬自滬歸來訪，談時局內容，相對欷歔者久之，乃同赴震修宅雜談並晚餐，九時歸寓。

11 月 11 日　晴

晨美大使詹森偕總領事裴克來，探對日內容，週旋半小時。傍午十一時赴介石處談敘並共午餐。午後赴伯川宅談機構改革案，晚餐後始歸。

11 月 12 日　陰

晨鹿君、益生、仲吉等先後來晤，并同至下關惠龍飯店午餐。午後暢卿、岳軍來談敘，晚訪李協和談半小時。

11 月 13 日　雨

晨李協和、沈成章先後來訪，午後桐生由津飛來報告華北近情，並商討彼自身進退，最後還欲為國家貢獻一著，熱心毅力確可欣慰，惜乎其未能了解國內外全局

情勢，故其計劃未免太理想耳。晚赴介石處晚餐，得聆達詮在東京時會談之經過，彼對日本最近向我提示之三條，立論尚為得體（晚鹿瑞伯、鄧仲知來訪）。

11 月 14 日　雨

【兩案稿另存】

晨赴中國銀行三樓訪暢卿、天翼、岳軍在焉。商談時局，值至正午，同赴明湖春午餐。午後訪鹿瑞伯、張漢卿，均未遇。晚赴介石處晚餐，談對日問題，歸結到非日方了解「華北仍須中央派員主持，無法進行談判」一層，總算連日商談始行到題。介石乃委託雨岩、岳軍及我三人，按照連日所商，作一總節略以備談判進行之參考（是晚面交介石兩提案稿：（一）黨部改革案；（二）過渡期間中央機構改造案，係介石所囑託者）。

11 月 15 日　雨

晨赴美大使館訪詹森，得閱美總統於「雙十一節」紀念日演詞用心之苦，措辭之妙，真可欽佩。惜乎，東方人未足以語此，可慚可鑑。正午赴陸園陸福廷宅應靜齋之邀午餐。午後雨岩、岳軍、有壬、天翼、達詮等均來寓，討論起草節略事（雨岩一稿似嫌平凡而無系統）。晚飯後始散。

11 月 16 日　雨

晨孝侯、桐生、岳軍先後來談，桐生准今奉介石命北返與多田交涉（日方開兵車二十五列至榆站威脅）。

午後吳禮卿來訪，雜談貴州情形。四時後岳軍、天翼、
雨岩、暢卿、敬之先後到寓，續商起草節略事（達詮又
送來一稿，遂一併討論），至晚始散。暢卿留共晚餐，
談彼自身處境困難及川情。又晚間青甫、子青來訪，談
新經濟政策之危險及浙省政情，十一時始別去（是日得
雲妹一函，當即復之，以報平安）。

11 月 17 日　陰晴

晨閉戶草一〈對日節略〉，至午赴介石處午餐，
面交該節略，介石又託代草一〈外交演講〉稿，予允
之。午後仲勛由滬來，炳訓由津來，先後晤談。炳訓
報告被迫離職之經過，內部昏吏勾結外力，隨處表
演，真堪痛嘆（真不料我一離華北，即一瀉千里以至
於此，可痛可恨）。

11 月 18 日　晴

晨起繼續閉戶草〈外交講演〉稿，至十一時半脫稿
（中間介弟來函，參加一段意見，函另存）。岳軍來報
告公俠赴滬見磯谷經過。正午煥章來共午餐，談北平情
形，述辦法數條，囑轉達於介石。午後介石來晤，當
將：（一）煥章所託；（二）炳訓所述告之。晚間伯川
來談，並謂據庸之所聞，華北將有變化，十一時別去。

11 月 19 日　晴

晨七時訪煥章，並與定五、子良談二小時，歸後文
欽由滬來報告得內田勝司電，並在滬探悉關東軍對華北

將確有舉動。又趙才標、陶益生先後來晤。正午得桐生電，知華北自治醞釀確已箭在弦上，桐生之最後努力亦無效果，適公俠散會後來共午餐，乃與之商談後，彼出訪岳軍。未幾，岳軍、暢卿、有壬、公俠等偕來，據有壬報告，謂有吉大使今晚要來京，明日要見蔣，有要事待商，能見與否，立待電覆以定行止等語。當即趨車晤介石，商定見有吉辦法，四時半歸，詳告岳軍、有壬等，並囑伊等分頭接洽。予乃於五時乘車返滬，十二時抵家。

11 月 20 日　晴

晨電介石四點：（一）有吉去京前，曾得東京最後訓令；（二）杉坂昨率艦西行，似係赴甯；（三）松井在津談話；（四）長春對土肥原辦法不滿，並切囑介石為國負重。又湛侯來談。午後在寓整理由京攜回文件。又君怡偕俞鴻鈞來商（招待美副總統辦法）。

11 月 21 日　晴

晨佐藤偕冲野兩海軍武官來談，知有吉赴京將談：（一）華北自治運動；（二）廣田所提三項原則；（三）聯航問題；（四）幣制改革問題。午後公權來談一小時半。

11 月 22 日　晴

晨文欽由京來報告有吉見介石談話經過。又俞鴻鈞來，偕出訪美大使詹森。午後答覆各方函件。又黃任之

來訪談。傍晚君怡、伯樵先後來晤，並留共晚餐。

11 月 23 日　陰細雨

晨桐生由京來報告此次在平、津、京談判經過，感慨係之。傍午伯樵來會晤，桐生共在予處午餐。午後叔雍來談（亦無進步，實在可憐）。傍晚公權來晤。

11 月 24 日　晴

晨青甫由京歸杭，過滬來訪。又厚生來晤，此君冷熱失度，故常精神外馳，屢諷不改，至為失望。傍午季實偕杜月笙來。午後有壬次長由京來報告與有吉會談經過。傍晚君怡來商結束「壓力油燈發明糾紛」調解辦法。

11 月 25 日　陰

晨桐生來商談北返或赴京，結果先赴京，俟晤岳軍後再定。午後茶會歡迎美國副總統迦諾（Garner）氏夫婦及美大使詹森。迦諾氏為美國他克塞斯州人，其鄉出一種胡桃甚美，今春詹森氏歸國來華時，迦諾氏曾託伊帶來桃種六種，現分種於莫干山、庾村、杭州、上海四處。今日之會純為私人友誼之酬酢，非公宴也。七時迦諾氏即乘輪返美（此次彼奉命赴菲律賓參加菲島第一任大總統奎松就職典禮，今午由菲到滬，在滬勾留六小時，即乘原輪返美）。

11 月 26 日　晴

　　晨岳軍、公俠、暢卿均由京來，共談對內外最近
決定之辦法，正午始散。午後汪公紀來。傍晚岳軍、
公洽、天翼、暢卿均到，岳軍報告與有吉談話情形，
公洽報告與磯谷談話情形並共晚餐（形勢險惡，有左
右皆非之感）。

11 月 27 日　陰微雨

　　晨叔魯來談：（一）最近在北方聞見，（二）新
幣制政策之批評。傍午橘三郎來訪談，探悉彼方對華
北交通（以防共為名）有四希望線：（一）赤峰多倫
平地泉線；（二）包頭寧夏線；（三）北平秦皇島直
通線；（四）濟南正德線，蓋已包圍華北矣。午後袁
文欽來談。

11 月 28 日　雨

　　晨出訪公權，又順道訪岳軍。午後仲勛由京來，湛
侯由杭來晤。傍晚黃在中來，囑伊帶衛士五名赴庾村。

11 月 29 日　陰

　　晨仲勛、湛侯來共早餐。又岳軍來電話邀往談敘，
予勸其再訪磯谷商談對華北適應環境之自動辦法。傍午
歸來，橘三郎偕大阪朝日駐滬記者木下〔後缺〕

11 月 30 日

　　〔缺〕

12月1日

〔缺〕

12月2日

〔缺〕

12月3日

〔缺〕

12月4日

〔缺〕

12月5日

〔缺〕

12月6日　晴

晨乘輿偕炎、和、湛、輝、英等遊白雲池轉勞嶺，經莫干農場，並參觀游泳池返寓。午後炎湛等返杭，予與性白校長商討校務。（是晚在藏書樓讌小學教員）。

12月7日　晴

晨偕夫乘輿赴莫干山視察 511 號工程，並在鐵路飯店午餐。趙才標由杭來晤，報告在京聞見，餐後趙返杭，予於四時返庾村。（是晚又讌小學新聘及代理各教員。）

12月8日　陰

晨覆介石、岳軍等各一電，又覆友函五通。傍午性白校長來商騎射會推進辦法（黃隊長攬塵共同討論）。午後管理局俞局長則民由杭來，商談山上電氣廠改歸商辦，並移至庾村設廠辦法。晚間在宅讌改進會新聘職員范君（由中華職業教育社江問漁君介紹來校者）。

12月9日　雨寒午後雪

晨閱滬來中外各報，午後性白校長偕前村吳雨峰、南路村陳發鈺、汪家村汪輔成三村長來。

12月10日　晴

晨偕性白赴孫良塢視察阜溪小學（此小學為單級小學，由余每年補助小學教員一名，而成年二百五十元）。歸寓後，許工程師（照，字夢琴，杭人，唐山大學畢業）來山視察水電工程，並留共午餐。午後孫棣三介紹駐庾保安分隊長周濟（號楫夫，義烏人）來謁。傍晚性白偕新聘農場主任徐某來見，共晚餐。

12月11日　晴

晨偕夫人乘車赴京，在宜興站午餐，午後一時半抵湯山，在陶廬沐浴。三時陶次長、葛司長來接同入城。未幾，暢卿奉介命來晤。傍晚唐有壬、吳震修、許修直先後來談。晚九時赴介處晤談，未及半小時，天翼由平趕回，乃共商應付華北辦法，結果決定發表宋哲元等十七人為冀察政務委員會委員，回寓已十一時半。乙藜

與元妹尚在寓，因時已晚，乃僅一握手別去。

12月12日　晴

晨遠帆、炳訓、仲勛、頌吉、靜芝等先後來晤，並
電覆桐生（昨晚與介談妥准桐擺脫）。正午乙藜夫婦邀
讌於四川館，同座皆在京各親戚。午後修直、益生等來
談。晚赴介石處晚餐（介夫婦與予夫婦），十時歸。

12月13日　晴

晨偕景英訪煥章夫婦。又譚炳訓來訪。正午震修
夫婦邀讌於其寓。午後岳軍由鄂飛京，在予處約暢
卿、有壬、達詮、天翼、雨岩等來談，值至晚七時同
赴介石處晚餐。

12月14日　晴

晨偕夫人訪溥泉夫婦於陵園小築。正午赴仲勛宅午
餐。午後震修、有壬、岳軍、達詮、暢卿等先後來晤。
傍晚偕岳軍、暢卿同訪敬之（由平歸）。晚餐後修直來
談。十時夫人乘夜車先回滬。

12月15日　晴

晨譚炳訓偕中央政治學校兩教授來訪，（一）為崔
書琴（河北省人，留美政治學博士，現任外交史教授，
卅歲），（一）為王政（卅歲，雲南人，留美教育社會
學博士，現任社會學教授），雜談兩小時。傍午周靜齋
來共午餐。午後震修偕公權來晤（託震辦數事：（一）

致小學件，（二）致學會件，（三）致留英件），公權報告在滬與日、英方面人物談話意見（如有吉、磯谷、船津、李滋羅斯等等），並與伊說定派桐生出洋辦法、調水淇入部辦法（當即電召桐、淇二人來京）。傍晚敬之來談半小時。又李擇一來。七時半赴中國銀行震修之讌，座中遇曾養甫大犯「專利全桌」之嫌。餐畢復至介石處晤談（是晚，介亦招讌）。十時由介處出，偕岳軍、暢卿至外交部官舍雜談一小時半，歸寓已近十二時矣。

12 月 16 日　雨

晨趙才標（介紹赴鄂充督察專員）、金九如（為達詮約赴實業部充秘書）、余幼庚（將赴廈門任市長）、陳公俠、徐子青先後來訪。正午仲勛來共午餐。午後岳軍、暢卿、有壬來談。傍晚煥章夫婦來答訪。晚至介石處晚餐，同座有徐次宸、麥煥章。九時半歸寓，公權來訪，談至十一時乘車返滬。

12 月 17 日　雨

晨七時半抵家。沈志萬由川來報告在川工作情形。又文欽來談。午後修直、伯樵來晤。又可權、公紀來，當交伊紹介函一件（致岳軍外長），囑於今晚入京。晚君怡來商進退（為借法款造橋事）。

12 月 18 日　晴

晨達齋、厚生（商整理新中國建設學會事）來談。

又理髮師來理髮。又性白由杭來談。午後陳直生來結圖書館工程一部份賬目。

12月19日　晴

晨余精一、柴東生、李雲良、喬耀漢先後來晤，大抵均為自身求優越地位而來，予略加週旋。午後仲勛、傑才、武田（支去一二）、遠帆先後來談。

12月20日　雨

晨李夢博、余賽澄來談。午後譚炳訓由京來報告已見過翁詠霓，但似未能決定工作，故仍擬回魯。晚間，文欽、修直、仲勛等來共晚餐。

12月21日　雨

晨寄曉圓一函（附去克強遺函照片一枚）。十時桐生由京來晤（水淇同來），並留共午餐。午後暢卿由京來談，又季實將隨暢入鄂亦來。晚間君怡來商學會改組事。

12月22日　晴

晨伯樵由京返滬來傳述公權對學會改組意見。正午赴水上飯店午餐（應君怡之約）。午後赴卡爾登看國產《天倫》影片。傍晚文欽來訪。晚飯後公俠主席辭行返閩。

12 月 23 日　晴

晨岳特派員辟疆由平來，要求介紹謁岳軍部長，當即作書予之。又覆朱鶴翔（駐比公使）、李雲良各一函。午後盧開瑗君由津來談，帶到鄭道儒函伴。

12 月 24 日　陰

晨周贊堯、王希隱、程遠帆先後來訪。午後施伯彝、張公權分別來晤。晚間伯樵來報學潮擴大情形。

12 月 25 日　雨

【唐有壬被刺身死】

晨施次長來。正午赴國際飯店午餐應伯樵夫婦之招。午後暢卿將赴鄂任，來辭行。五時三刻得吳鐵城市長電話，知唐君有壬於五時半在寓被刺，連中三槍，迨送至病院已逝。嗚呼！內外多難，又加一犧牲者，可嘆可痛。

12 月 26 日　陰

晨達齋來晤。又作書寄台灣老遺民林震公（今年五十八歲），附去照相一張、手書單條兩幅：（一）行到水窮處，坐看雲起時。偶然值鄰叟，談笑無還期。乙亥冬月，震公先生雅正。下署浙江黃郛。（二）黑水白山黃血染，秋殘冬盡待春來。乙亥冬月子平仁兄屬，下署黃郛。蓋子平為震公之子，習軍醫，現正在黑龍江省甘南縣服務也（震公屢次來書，對祖國尤極關切，對島民深懷憤懑，嗚呼！可痛矣）。傍午修直來談並索片代

表往弔有壬入殮。午後覆王希隱一函並自購《清季外交史料》三部，分贈建設學會、公益會及許長卿三處。

12月27日　陰

晨程遠帆來謁，與伊談張湖生工作事。午後伯樵來詳報學潮處理經過情形。

12月28日　雨

【弔有壬傷感】

晨成衣師來，試穿棉褲。又寄《李村采風錄》、《唐閘圖書館建設計劃》等小冊與性白，囑其閱讀為庚村事業之參考。另寄舊著六種，交李良雲君轉贈唐閘圖書館。午後偕伯樵親赴殯儀館往弔有壬次長之靈，至可慘痛。其兄唐圭良與我握手大哭，予慰之曰：中華民國只棵枯樹，欲其復活，決非尋常肥料所能奏功，必須灌以全國民之血與汗始可重見其繁茂等語。同時見日人之往弔者，自有吉大使以下不下二十人，予胸中默感二重慘痛。蓋今日之往弔者即昔日間接殺有壬者也。嗚呼！慘矣！歸寓後親做輓聯一付交伯樵繕送，文曰：「趨人之所避，是謂孤詣，詣既曰孤，身無不險」、「行違其所願，是謂苦心，心唯能苦，死可以安」。

12月29日　雨

晨整理案頭諸積卷。又震修由京來談。午後張煥伯來訪。又仲勛由京來，並約修直來晤。

12 月 30 日　陰

晨理髮師來理髮。又齊鐵生由京來訪。午後修直代購印譜兩冊送來，並談有野口中之「土肥原失敗」說。

12 月 31 日　陰

晨達齋來晤，託伊代送馮醫生五昌年禮並算清醫費。午後擇一偕太田宇之助來談。晚間伯樵夫婦來共晚餐，並購送小禮品為餐後餘興之助。

民國 25 年（西元 1936 年）
1 月 1 日　雨

　　晨文欽、寰澄、修直、傑才、大綱、訓予、公紀、湖生等及岳軍弟婦偕其子女，循俗禮來賀年。正午三外孫女來共午餐。午後伯樵夫婦、靜齋夫婦、雲良夫婦亦來，均未接見。傍晚孟和由平來晤（晚聽介石在南京放送演講新生活及國民經濟建設兩運動）。

1 月 2 日　陰

　　晨益生、鎔西、馥菴、乙藜先後來訪晤，又文潔姊偕其子女四人來賀年，一一加以勉慰，然亦不勝同情也。午後靜齋來談，稱有〈青年精忠社揮淚告同胞書〉傳單，去冬十一月廿九日在八仙橋青年會梯傍桌上發散，內中涉及我名，與宋哲元、殷汝耕等並列等語，並稱世亂時危，是非不正，應請格外注意防範云云。晚間文欽來共吃牛肉鍋，亦稱外間誤會之語，時有所聞，囑出入務須謹慎。

1 月 3 日　晴

　　晨君怡來商出處。林可儀、蔣元新等先後來訪。午後韓法航奉茹平居士命來談將赴藏。晚飯後吳達詮部長由京來晤。

1 月 4 日　晴

　　晨出訪修直、文欽、揆初三家，循例回訪性質，正午始歸。午後四時，根本博大佐由日本來訪，談中日問

題，予力攻擊伊等分化華北辦法之不當。彼謂三月間，
彼將出任該國參謀本部中國班長，屆時必努力設法改善
云云。晚間吳達詮又來談，彼將於明晨車返京，故與根
本所談經過統託伊轉告京方。

1月5日　陰

晨達齋來晤，十時根本氏又來談，談未幾而介石忽
由京來訪，乃在別室告以昨今與根本談話大概。介先別
去，復與根本談約一小時。午後一時訪介石於其滬寓，
再告以根本最後所談一段。歸寓後又電告岳軍接洽。晚
間文欽、修直來共晚餐。

1月6日　陰

晨查閱學會出版科歷年賬目。午後陳直生來商杭
宅圖樣。傍晚炎丈、和姨由杭歸，壯華夫婦由甬來，
均留共晚餐。

1月7日　雨

晨許長卿來晤，談學會經總務科歷年經手賬目。又
壯華來請求作書為之紹介程廳長遠帆，予應之。午後炎
之來結請去年下半期代予經手賬目。

1月8日　晴

晨袁守和由平來報告近情，並請求予資助留巴黎
苦學生李瑞年君（津人，嚴範老之戚，專攻博物院管
理法），當即交洋千元託守和匯去。又岳開先由京來

晤，予勸其從速北返謹慎應付。午後陳直生、許修直
先後來談（修直為予託人代畫懷抱思親圖，異日擬懸
於文治藏書樓者）。

1月9日　晴

晨震修由京來談（知金融政策仍將受財政影響而惡
化），又陳直生偕其叔陳叔通及演劇員程硯秋來。正午
寄兒計晉仁偕其母來訪，留共午餐。午後整理文件。晚
間伯樵來雜談。

1月10日　晴

晨偕予妻出視外孫女曉梅病，並代電邀馮五昌醫生
來診視，歸寓後庚村包工師趙照松來結清藏書樓建築加
賬。午後林士模、陳希豪先後來訪，均不外人事請託，
風氣滔滔如此，實亦至不得已也。

1月11日　陰

晨文欽來談，謂將於明日赴濟南為博益製糖工廠
事。文欽年富力強不慣靜生活，故予亦不勉阻之。傍午
項康元來談製罐事業與農村復興之關係。

1月12日　晴

晨故友周淡游之子天健（黃埔第一期生）、天翔來
謁已。日議員中野正剛由東京來雜談。傍午沈立孫由北
平視察歸來，報告聞見。午後厚生來商討學會事，長談
至三小時之久。傍晚鹿君由溫州關來，留共晚餐。

1月13日　陰

晨秋岳由京來晤談。午後與厚生談學會緊縮開
支事。

1月14日　雨

晨達齋來談，午後壯華來商舊東北艦隊之整頓計
劃，予勸其審慎。

1月15日　陰

晨陳直生來談。午後李雲良來當面硬求（為招商局
設副經理事）作書介紹介石，予勉以「作書介紹岳軍」
代之。傍晚修直來共晚餐。

1月16日　晴

晨理髮師來理髮。又偕予妻赴蘭兒宅視外孫女曉梅
病，知熱度已退，頗為歡慰。午後整理文件。

1月17日　晴

晨伯樵、達齋來偕至西站上車赴杭，午後一時
到，在湛侯宅午餐。午後五時半抵庾村藏書樓（是日
天氣嚴寒）。

1月18日　晴

晨莫干小學行寒假休業式，予出席訓話約卅分鐘，
又察看圖書展覽室工程。午後陳醫生怡常、黃隊長在中
及性白、競心等先後來晤談。

1 月 19 日　晴

晨張小鶴、汪巽之等來晤。午後三嫂攜四、五兩姪來訪。晚間性白來共晚餐。

1 月 20 日　晴

晨出至農場散步。早餐後讀志萬寄來《保甲制度宣傳大綱》。午後電匠來裝無線電收音機。

1 月 21 日　晴

晨偕真兒出散步。早餐後又出訪楊肖才先生病，並順道至三嫂家視諸姪溫課。午後黃隊長來請至打靶場試打介石送來新「漢造七九步槍十二支」，予妻亦試放兩槍。

1 月 22 日　陰

晨偕真兒出視跑馬場。早餐後性白、競心兩先生來商改革校務。午後閱滬來各書報。是晨大綱請假回里省親。

1 月 23 日　大雪

晨競心、小鶴來整理《藏經》（為藏書樓新購置）。予作書寄蘭兒、桐生及胡健中三人。正午在宅讌小學全體教員。晚間在無線電中得悉英皇喬治逝世。

1 月 24 日　大雪

【陰歷丙子元旦】

晨性白率其子念祖來拜歲。又讀完志萬寄來之《保甲長須知》」小冊一本。午後性白送藏書樓建築賬目來核（是日寄蘭兒一函德大使館轉交）。

1月25日　陰晴

晨讀完志萬寄來之「壯丁隊須知」小冊一本。午後閱讀滬來各書報。晚聽無線電消遣。

1月26日　晴

晨競心來談學術科分配擔任事。又三嫂率其子女來拜歲。午後至小學視察。

1月27日　晴

晨讀完志萬寄來之「編查保甲戶口條例詮釋」一書（當將志萬寄來各冊交黃在中閱），又帶真兒在園中練習汽槍。午後大綱偕湖生由杭來陳述一切。

1月28日　晴

晨文欽由杭來詳述在濟南聞見，彼對博益糖廠決心親下手整頓，談畢同出參觀農場歸共午餐。午後文欽偕湖生一同告別返杭。傍晚性白來談學校軍訓事並共晚餐。

1月29日　晴

晨偕夫人及真兒赴山觀察白雲山館雪景，山道堆雪尺餘，頗不易行。正午在鐵路飯店午餐。午後三時

返庚村，張潤田局長偕孫家玉女史由平來晤，談二小時轉杭北返。

1 月 30 日　晴

　　早餐前赴學校為教員開始軍訓訓話。晨陳直生、周靜齋先後由滬來訪。正午為父親五十週忌辰（陰歷正月初七日，回想五十年前予七歲時，此日光景，不禁慘然），家祭。午後靜齋告別返滬，直生寓此。

1 月 31 日　陰

　　晨赴小學對召集各村之壯丁卅餘人訓話，勸伊等參加軍訓，復召集農村改進會七幹事訓話。午後與陳直生談妥杭宅設計後，彼即轉杭返滬。

2月1日　陰晴

晨理髮師來理髮。午後性元妹由京來山，又湛侯由杭來，均寓藏書樓。湛侯送來雪松兩株、山楓苗三百株，故午後忙於植樹工作。

2月2日　晴

是日為陰歷正月初十日，予妻四十三歲初度，各處友人遠道來賀。鹿君、寓鋒由北平來。仲勛、仲吉、可權、訓予由南京來；傑才由上海來；壯華、遠帆、湖生由杭州來，均在寓午餐。午後除壯華、鹿君、寓鋒三人外，均分別辭去。

2月3日　晴

晨鹿君、壯華等分別辭去，予乃作書十數通付郵，對各地友人來函稱賀者道謝。傍午拉甫偕夔卿由杭來晤，留共午餐。午後三時赴小學為受軍訓者講「軍事學大綱」一小時。

2月4日　陰晴

晨覆水淇一電，致震修一函。午後讀書。

2月5日　雨

晨赴性白住宅視察。午後厚生偕今關由滬來，與今關談三小時，仍由厚生送往杭州轉道返滬。此次厚生來時在杭被公安局特務員盤查，小受委曲，心頗不安。與今關談後即將四要點電岳軍部長參考（電稿另存）。

2月6日　晴

晨厚生偕遠帆由杭再來，談浙財政內容並為文欽說項（滬市事），留共午餐後遠帆先返杭，復與厚生詳談在京聞見（與岳軍晤談情形）。三時赴小學講「軍事學大綱」一小時。四時鹿君由京來，帶到岳軍函一件。是晚厚生、鹿君均宿寓內（晚接松江族兄五雲電稱靜齋公墳被新松江社開掘，囑電縣知事制止，因電文簡單，乃決定請厚生代往詳查）。

2月7日　陰雪

晨厚生、鹿君同赴杭。午後赴小學演講「軍事學大綱」一小時半。

2月8日　晴陰

晨性白校長來告衛士不守紀律情形，於以見訓練之不易。傍午馮煥章兄派李良三秘書持函來山，並送來水果四箱。午後沈馥菴偕一俞姓會計師來與俞則民局長借予處談莫干山電燈廠改商辦事。傍晚張水淇君由京來山，帶到公權部長手書並詳談在華北聞見。是晚水淇即宿予寓。

2月9日　晴

晨予妻偕真兒啟程返滬，送真兒入學，予散步送至車站，歸後作書覆公權、叔雍各一函，又與水淇談學會情形，託伊轉告公權。午餐後水淇告別返京。又王亮來訪，囑大綱代見之。傍晚作書寄震修、亦雲各一通。

2月10日　晴

　　晨性白校長來請參加寒假後始業式，予以「弟子當灑掃應對進退」之理進。傍午又在小學對教職員軍訓班講「軍事學大綱」一小時半。午後參觀壯丁隊徒手教練。

2月11日　晴

　　晨赴三嫂宅商談「大姪嵩雲不事上進應及時由三嫂去函糾正」辦法。傍午在小學參觀教職員軍訓班操練。午後張競心、鄭性白先後來晤談。

2月12日　晴

　　晨與大綱談舊部及詮敘事。傍午赴小學講〈軍事學大綱〉一小時。午後理髮師來理髮，並給伊本月津貼。又趙照松送來書房鑰匙。傍晚厚生由滬來報告赴松江詳查王家石橋黃氏公墓被新松江社挖掘情形，並攜來照片、地契、糧串、家譜等各項証件。嗚呼！世亂至此夫復何言。當即書兩信（一致蘇主席陳果夫，一致岳軍部長），再託厚生赴鎮江、南京，分別投遞及說明，要求制止，是晚厚生即宿予寓。

2月13日　晴

　　晨七時厚生啟程返滬。又讀君怡寄來福州所辦「科貢鄉農村電化部」各種報告。午後與性白巡視南路村。

2月14日　陰

晨性白來商定小學之廚房、飯廳改建工程。傍午赴小學講〈軍事學大綱〉一小時半（本月講完）。午後覆喬生耀漢一函，又斯夔馨君奉准派充閩南第四區督察專員（駐廈門同安縣）特由杭來辭行，傍晚別去（是日電蔣為遠帆求見及夔馨不赴京稟辭二事），電岳轉遞（為松墓被掘後屍骨又被毀滅事），又覆電遠帆（告知蔣電已發）。

2月15日　晴

晨在園中獨步一小時作十年來回想，國勢凌夷真不堪今昔之感。午後三時半啟程赴杭（是日得遞由京拍來之一電，報告與果夫談話情形），寓大華飯店。傍晚出訪湛侯、炎之。

2月16日　晴

晨偕湛侯至漢春橋看文欽新置之梅園，又察看最近代任叔永、黃伯樵及君怡、性元等購定各地。正午在樓外樓讌請湛侯、炎之兩家。午後五時胡健中、許紹棣兩君先後來訪，堅邀在大華飯店晚餐，胡、許兩君作東，席間有周企虞、馬寅初二氏，值談至十時始散。

2月17日　晴

晨偕湛候赴徐村察看湛侯新營之農場。傍午周企虞君來商談環湖馬路修築事。午後一時予妻由滬到杭，同在湛侯宅與炎丈和姨盤桓，至九時回大華飯店。

2月18日　陰

　　晨湛侯、炎之、和姨來共早餐，即在大華閑談至正午，同赴太和園午餐（炎丈作東）。餐畢告別，予即偕予妻乘車返庾村。

2月19日　陰

　　晨翻閱連日案頭所積各函件。午後厚生偕介藩由滬到，先與介藩談半小時別去（為津浦副局長事要求推荐）。厚生留宿予寓，談（一）松江墳墓被挖交涉，（二）談對日大局情形，厚生主張予外遊（是日拍致岳、介二弟各一電為松墓事）。

2月20日　雨

　　是日為陰歷正月廿八日，乃予五十七歲初度之辰，伯樵夫婦、立孫、修直、式勤等均由滬來祝，均在予寓午餐，午後先後告別返滬。修直此來告我日方消息不少，似空氣反較緩和。

2月21日　雨

　　晨作函寄水淇、桐生（（一）病腳痛，困於南京中央醫院；（二）如夫人歿於平；（三）外遊事阻於費，故予作函慰之）、直生、小真、曉敏、曉芳、曉梅等。午後性白來談。

2月22日　雨

　　晨作書寄岳軍、鳳千二人。正午圭良由滬來共午

餐,談華北情形至三時別去。傍晚至圖書展覽室傍看瀑
布(因雨後天熱,雪融帶雨水一併滾下,故頗偉觀。)

2 月 23 日　陰

晨補函桐生。又許靜仁(新任駐日大使)偕周志成
由滬來談,留共午餐。午後二時半許、周告別返杭。

2 月 24 日　陰

晨作書寄太炎表兄(為「藏書樓記」謝信)。又寄
青甫、厚生(為松墳爭抄轉果夫覆信)各一函。午後理
髮師來理髮。又炎丈由杭運到籠柏十株,即督飭工匠在
藏書樓前排種。

2 月 25 日　雨雪

晨作書寄馥菴為山上電燈廠事。午後厚生偕新松江
社代表于仲遲、王仲穋、高君藩三人持該社理事會函來
山道歉,對於王家石橋墓允即飭工修復,蓋因京省兩方
電飭查辦,故該社有此轉變也。予因顧慮在松各房未來
安全計,不願過甚,遂允予調解,談至五時別去。

2 月 26 日　陰晴

【所謂二二六事伴】

晨魏文瀚由滬來,謂將赴川,談兩小時返滬。午後
至小學看壯丁隊操練。傍晚得伯樵電,報告東京有暴
動,岡田首相及高橋藏相均死難。

2月27日　陰

晨得岳軍、長春、仲勛等各來電，均係報告東京政
變事，當即覆伯樵、岳軍、長春、仲勛等各一電，囑彼
等注意輿論應僅紀實不加批評。午後偕夫人至莫干嶼村
底石塔地遊覽。

2月28日　細雨午後雪

晨寄達齋（為鹽稅事）、暢卿（為文欽任建廳
事）、志成（為代送歐公使夫人花籃事）各一函。午後
岳闓疆由滬來訪，要求紹介見蔣，予緩卻之，談至四時
半別去。是日胃病大作，殊苦痛也。

2月29日　晴

晨覆陳希豪、張劍初（大綱名義行之）各一函。午
後出視農場全部，值散步至勞嶺村而歸。

3月1日　晴

晨出訪張競心、楊肖才兩先生病，順便與三嫂討論大姪嵩雲事。午後乘車至孫良塢察看新闢「豫備種油桐」地。

3月2日　陰

晨作覆寄暢卿、仲勛、石岑、伯樵、鹿君諸人。午後讀「舜水文集」三冊。

3月3日　晴

晨直卿介紹萬兆芝（元輔，贛人）由滬來談二小時別去。午後至南路村散步，歸來督飭全校學生為清潔運動，掃除農場全場紙屑。

3月4日　陰晴

晨覆修直、慧僧、養志、志賡、震一各一函，又覆岳軍一電。午後讀《舜水文集》兩冊。

3月5日　陰晴

晨覆果夫、厚生、新松江社等各一函。午後張競心來談。又讀《舜水文集》一冊。傍晚覆岳軍一電。

3月6日　陰晴

晨理髮師來理髮（付清三月份經費）。午後至白雲池散步，晚讀《舜水全集》三冊。

3月7日　晴

晨覆伯樵、趙深各一函。午後趙深由滬來晤談一小時別去。予覆至三眼橋看教員、衛士、壯丁隊學生，在野外會操，傍晚始歸。

3月8日　晴

晨赴白雲池參加「小學與改進會」之共同植樹節典禮（提早四天），共植柏子樹二百數十株，予與予妻各手植一株。午後湛侯由杭來晤談，即留宿予處。

3月9日　晴

晨偕湛侯等赴孫青鄉查看山地，歸來又巡視跑馬場。午後偕湛侯在小學操場閱壯丁隊教練。晚間新購馬四匹由杭到，特往馬房視察。

3月10日　陰晴

晨莫柳忱偕王瀛杰（冠吾）由滬來晤，略談華北情形，彼等因遊莫干順道來訪也。又文欽偕炳訓由魯來談並留共午餐，知文欽決心專營糖業，炳訓將往資源委員會工作，午後三時半告別赴杭。予即偕湛侯赴馬場試乘新馬「安吉」（蒼松、白鹿、武康、安吉）。

3月11日　雨

晨覆修直並寄齊修、益生各一函。午後與湛侯雜談。並覆關性靈等函二件。

3 月 12 日　雨

晨湛侯告別返杭。午後覆趙深函一件。杭宅決交泰來公司承包建築。午後得逖函知伊已赴京。

3 月 13 日　陰晴

晨壯華由杭來，談舊東北海軍駐京兩艦情形，並留共午餐。午後與性白校長談，催促：（1）速編校史，（2）速造決算，（3）速整理圖書各事。傍晚張光倫由山偕劉杭生來談。

3 月 14 日　晴

晨何惠人由杭來談「留下」闢農場事，但仍以人事問題相託，蓋非純粹做農村工作者也。又棄錫洺由甬送糖果來，亦以其子（十九歲）葉椿萱事相託（予未見由大綱代見）。午後試乘「白鹿」、「蒼松」兩馬，均頗合意。

3 月 15 日　晴

晨乘「白鹿」一小時。早餐後派大綱赴杭接塵蘇大使，又閱《舜水全集》兩冊。午後二時，塵蘇到山談兩小時，原車赴杭將於本晚轉京。

3 月 16 日　晴午後雨

晨理髮師來理髮。午後讀《舜水全集》三冊。

3月17日　晴

晨董智康來雜談村情並偕同週覽學校農場、馬廄、竹工廠等處。午後赴馬場乘馬一小時。傍晚炎丈、和姨由杭來訪，即留宿藏書樓（晚間下微雪）。

3月18日　雨夾雪

晨陳雪舟由杭來託與青甫說項，擬謀一縣缺，予略與週旋半小時別去。又程遠帆偕其夫人由杭來訪，留共午餐後別去（前文欽託辦朱孟真事，即託遠帆代告青甫）。午後與炎丈、和姨在宅閒談，知厚生又有不安分（獵色）之舉動，可嘆。得機當嚴重警戒之。

3月19日　陰

晨覆震修一函。午後出乘馬一小時（晚間胃痛頗劇）。

3月20日　陰

晨偕炎丈、和姨赴杭寓湛侯宅。午後赴湧金門基地擬建新住宅處視察。傍晚請子美丈來診視胃病，另行開方吃藥。

3月21日　晴

晨偕炎、湛等赴靈峰寺觀梅，又赴漢春橋訪文欽未遇。歸來後與青甫通電一次。午後文欽來訪談。又遠帆夫婦來訪。晚間湛侯在宅讌會，同座有文欽及遠帆、青甫、炎之各夫婦。十時散。

3 月 22 日　晴

　　晨赴漢春橋文欽宅賞梅，未幾遠帆、青甫等亦到，正午即在文欽宅午餐。是日，完全為杭州式家常飯，異常豐美。午後文欽、青甫、炎丈偕回至湛侯宅雜談，值至晚餐後始別。

3 月 23 日　晴

　　是晨本擬返山，因炎丈等堅留，復偕出至中山公園、西冷印社及孤山等處乘舟遊覽。正午在樓外樓，由炎丈招讌。午後在湛侯宅雜談。

3 月 24 日　晴

　　晨乘車返山，抵庾後見老僕楊林頗不悅（彼前稱病請假，堅留不住，且年來習氣甚深，種種壞榜樣，皆彼始作踊。今忽又歸來，真是來去太自由，故決心遣去之）。午後在園中種花木，一部份係杭州帶來，一部份乃各鄉村公送之野花木。

3 月 25 日　晴

　　晨覆連日案頭所積之到函（如華蓋、修直等）。午後至馬場陪景英夫人（初次試乘）乘馬一小時。傍晚在小學操場對壯丁隊訓話半小時（為莫干塢村廿三日晚演戲發生小衝突事）。

3 月 26 日　晴

　　晨覆書寄震修、蘭兒、嵩壽、耀漢、玉虎等。午後

偕夫人出乘馬一小時，頗有進步。歸寓後種樹十株，值至晚間九時始畢。此樹係炎丈由杭囑王有禮運到，計金錢松二株、烏松二株、梅桃各三株。

3月27日　晴晨霧尤重地濕如小雨

晨理髮師來理髮。午後偕夫人出乘馬一小時。

3月28日　晴

晨作書覆岳軍：（一）聞彼與有田談話之感慨，（二）外遊商榷。又寄湛侯一函，為馬丁事。午後偕夫人出乘馬遇雨，僅半小時即歸。又是日滬杭路局舉行「莫干山業餘登高競賽」，與賽者八十餘人，內中夾有日人四名，二為新聞記者手攜攝影機，二為同文書院學生，蓋藉以通譯也。日人無處不留心，真是與水銀一般，無孔不入，可畏可學。

3月29日　晴

晨夏挺齋君（前駐巴西公使）由杭來訪，談一小時半別去。又曹樹銘由歐歸來求見，由王大綱秘書代見。午後偕余妻乘馬一小時，頗有進步。傍晚讀「舜水文集」兩冊。

3月30日　晴

晨草〈懷抱思親圖記〉一篇。傍午水淇夫婦、堯年姪夫婦先後由滬到，均留共午餐。水淇雜談在北平、南京兩地聞見，並帶到岳軍、公權兩部長各一函，當即各

覆一函，仍託水淇回呈。堯年姪來談在松各房對墳墓糾
紛事，有不了解現代世情之處，囑伊回松剴切勸導之，
彼等談至五時始告別，同車赴杭轉滬。

3 月 31 日　晴

　　晨偕夫人乘車赴杭，在湛侯宅午餐。午後文欽、炎
之等來談敘。

4月1日　雨

晨偕夫人乘車赴嘉興，十一時到，大綱由滬偕真兒來會，乃改乘帆船赴俞家匯掃墓，復繞道至九里匯掃外宅墓，歸杭已七時，仍寓湛侯處。晚間青甫兄嫂來談。

4月2日　晴

晨八時出訪季寬主席，談時局一小時半，季寬爽快熱血，至為可佩。歸寓後，金公使問泗由荷蘭歸國，特來訪，陳述對外交意見，並送來禮物（煙、手提包、磁盤、手套）。又孫伯剛由平來，帶到何克之一函。午後與仲勛（此次同由平來）、文欽、炎之等雜談敘，真兒偕允彝同遊萬松嶺、韜光等處甚樂。

4月3日　晴

晨偕夫人率真兒回庾村，潘雪村來報告山上移植樹木事，儘四日半之力，已全部完竣。午後偕夫人率真兒同至馬場騎乘一小時，真兒初次上馬尚能獨自執韁，緩步隨行。

4月4日　晴

晨赴小學參加「兒童節慶祝」典禮。傍午震修由京來：（一）談內外時局，（二）託辦比國事件，談至午後三時別去。又偕妻兒乘馬一小時。晚間性白來共晚餐，商定對鎮江蠶業改良會保送練習生四名。

4月5日　晴雨相間

　　晨陳直生、楊九恩偕清華公司經理來商談杭宅建築及暖氣衛生設備等事。傍午沈馥菴君由吳興來談（莫干山電廠改造交涉已告停頓），並留共午餐後告別。午後又偕妻兒同乘馬一小時，真兒能勉試快步散步矣。

4月6日　晴

　　晨偕真兒乘輿上山，至山館視察511號工程及種樹卅二棵。正午至鐵路飯店午餐，餐畢在飯店遇蔣元新談半小時，即下山返庚村。二時半汪翊唐君由滬來訪談兩小時，汪君返滬。

4月7日　雷雨初次雷聲（本年）

　　晨七時半亦雲夫人率真兒赴滬送入學，予作書覆修直，「孟和、君怡、乙藜」（三君送來曾文正集、王船山集、張江陵集，及歷代輿圖四種為文治藏書樓紀念，故作書謝之）、厚生、圭良等，午後讀「重壓下之日本與國防之強化」一書，既驚且嘆。

4月8日　風雨

　　晨盧錫榮偕其夫人來訪，由大綱代見，彼留送「現代名人成功之分析」一冊，即上山遊覽，約下山時再來談。正午性白來共午餐，談校產過戶問題。午後與黃檳塵商定衛士許青山、樂振新二名遣送辦法。

4月9日　陰

【是日午後檢閱壯丁隊給獎并訓話】

晨寫〈文治藏書樓懷抱恩親圖紀略〉一紙，豫備裱裝後懸之於恩親圖側。又作書寄亦雲告以得岳軍函，對杭市自來水事已允照辦，託亦雲轉告炎丈。午後修直、可權先後由滬到。

又囑楊副官率樂振新、許青山二兵士赴滬，樂送入訓練班，許咎回隴海。

4月10日　陰雨

晨偕修直、可權分別談敘。傍午湛侯由杭到山。午餐後可權返滬，修直、湛侯仍留寓藏書樓談敘。

4月11日　雨

是日大雨，終日不能外出散步，乃在寓與修直、湛侯商討國際局勢。午後性白來討論對昨日開除學生二名（楊思昌、陳秀生）之善後辦法。

4月12日　晴

晨偕修直、湛侯赴杭，傍午亦雲偕馮醫生五昌由滬到，為予診視胃腸（近來時作劇痛），結果認為非至滬用X光線細為檢查不可，遂決定先由馮醫生回滬安排，得電即行。晚間程遠帆夫人來訪亦雲。

4月13日　晴

晨偕湛侯夫婦及亦雲訪青甫，青甫已外出，與青

甫嫂略談半小時即歸。午後赴炎之宅看花。晚間青甫
兄嫂來晤，青甫談「知者樂仁者壽」原理，意欲減予
痛苦也。

4 月 14 日　陰

晨亦雲返庚村料理藏書樓中什物，當日下午仍到
杭，王大綱及僕役等，皆同來，預備次日返滬。傍晚電
伯樵囑到站接。

4 月 15 日　晴

晨乘特快車返滬，午後一時到，伯樵、仲完、君怡
等來接。傍晚修直、文欽、馮醫生等先後來晤。

4 月 16 日　晴

晨九時赴靜安寺路沈醫生成武處開始檢查，馮醫生
亦在座，檢查兩小時，攝影十餘葉，頗詳細，結果得知
心肺兩臟無恙，腸胃兩器均下垂甚多，囑下午三時半再
往。是日因早午兩餐均禁食，故頗覺疲乏欲睡。厚生來
視病，僅予點首未接談。午後復往檢查，得知腸胃推進
力尚與常人相同，故斷定胸部痞塊作痛，其病根不在腸
胃，囑明晨九時再往。歸寓進食已下午四時半矣。食畢
修直、文欽來訪談。

4 月 17 日　陰

晨達齋來晤，九時赴沈醫生處行第三次檢查。馮醫
生先我在焉，仍用 X 先線檢查。半小時後由馮、沈兩醫

士商定明日由馮醫生到寓先用內科方法檢查肝臟之生理
狀態有無變化，議定當即回寓休息。傍午電趙淵如接洽
湧金門住宅事。午後文欽、修直來晤。

4月18日　晴

　　晨八時馮醫生來，令服乳糖藥一瓶，復每滿一小
時取小便檢視肝對糖之工作情形，前後共檢查四次，
馮醫至十二時半始檢畢別去。午後公權來訪，雜談彼
就職後經過。

4月19日　晴

　　晨岳軍由京來詳談外交一般情形，談三小時，正午
始別。午後內田勝司來訪，勉予週旋之，談一小時半。

4月20日　晴

　　晨赴沈醫生處，仍用X光線作第四次檢查，馮醫
生亦參加，結果知肝臟工能亦尚稱可，乃決定明日再檢
視膽。午後岳軍再來訪，雜談人事問題，談至五時告別
辭去，彼將於今晚返京。傍晚文欽、修直來晤，留共晚
飯。晚間臨臥時（九時一刻），食沈醫生所給藥片八
枚，為明晨診視故也。

4月21日　間雨有雷聲

　　晨九時一刻赴沈醫生處會同馮醫生用X光照膽（第
五次檢查），第一片稍模糊，令食生蛋黃三枚，隔一刻
鐘再照，還嫌不清楚，隔一小時半再照，較前兩片為

可，時已正午，乃即歸寓。午後堯年姪來探病。傍晚君
怡來談，留共晚餐。

4 月 22 日　晴雨相間

晨趙淵如、戴楚材先後來訪，為湧金門住宅事。又
馮醫生偕朱仰高醫生來，抽血十二CC，蓋至昨日止專
用X光，用物理檢查，今日起由血而便，將及化學檢
查也。傍午亦雲代覆「福開森、施植之、沈馥菴、俞寰
澄」四人各一函。午後陳公博、何傑才等先後來談。

4 月 23 日　晴

晨服瀉藥，當即遵醫囑將瀉便分裝參瓶送驗。又
理髮師來理髮（理髮時，耳鳴不已，蓋瀉後疲勞所致，
可見體力不如前矣）。傍午厚生來共午餐，當交信三
件（1. 鳳千公使、2. 訪蘇秘書、3. 榮先同學），託伊
代覆。午後覆桐聲、才標各一函。

4 月 24 日　雨

是晨，送常便三罐至醫生處，回言量不足，囑明日
再送。晨江問漁來訪，談職業教育社與黃任之被指摘
事。傍午偕亦雲出訪曉梅外孫女病，又訪岳弟夫人未
遇。午後擇一將於本晚東行，來談半小時。傍晚伯樵來
晤，送我工程師學會所出之「四川視察團報告」一冊。

4 月 25 日　晴

午前發出林烈敷、方恩綏覆函兩件。傍午二外孫女

偕真兒歸來，在後院看牡丹花（本年開得頗盛），正午
留共午餐。午後文欽、修直來敘談。又錦澤甥來視病。

4月26日　晴

晨仲勛由京來敘，九時伯樵來邀同赴江灣參觀伯樵
新購之屋，並赴君怡處吃茶。傍午歸寓，晉仁偕其母來
訪，留共午餐。午後鹿君由溫州來，炎之由杭州來，均
留共晚餐談晤。

4月27日　陰

晨趙淵如來商杭宅門房修改圖。又金純孺來視病。
午後大綱由禾歸來銷假。傍晚仲勛、炎之、鹿君均來談
敘，仲、鹿二人晚車赴京。

4月28日　雨

【開始針治，含 0.01 金質】

晨赴沈醫生處聽馮、沈兩醫士會同十二日來各種身
體檢查之總報告，知第一須先治肝蜇蟲，第二治痢菌，
至少須兩閱月，在此兩閱月中，兼顧腸胃治療。蓋人逾
五旬，各部機關均不健全，實無可如何者也，遂決定開
始打第一針（金液針，每隔四日一針，擬先打八針）。
午後震修由東京視察歸來，報告彼方政情，知新內閣肅
軍工作亦極困難，蓋其內部裂痕既生，不易滅跡也。

4月29日　雨

晨陶次長益生由京來訪病。又馮醫生帶德人一名來

試用電療，並打補針一針。午後炎之、修直、君怡（君
怡謂張伯璇君欲來訪病）先後來晤。

4 月 30 日　晴

　　晨馮醫生來施電治，又打補針一針。午後湛侯夫婦
由杭來晤談。傍晚伯樵來訪（午後趙淵如來商改杭宅下
層水泥地板及建小庫房事）。

5月1日　晴

晨馮醫生來施電療，又打補針一針。午後湛侯、伯
樵先後來晤。

5月2日　雨

晨遠帆由京來報告整理浙債經過。又馮醫生來施電
治並打補針。午後修直來談敘。

5月3日　陰

晨達齋來訪。又馮醫生來施電治並打金液針（第二
針，0.01金質）。午後三外孫女來共茶點。晚間伯樵、
君怡先後來訪。

5月4日　陰

晨項康元來晤，當付清認股一萬元，聲明一面為提
倡，一面為莫干小學謀基金。又馮醫生來施電治並打補
針。正午湛侯夫婦由無錫歸來，共午餐。午後修直來
談。又黃約三由津來訪，要求作書介紹於岳軍。

5月5日　陰

晨湛侯來共早餐。又馮醫生來施電治並打補針。
正午叫老半齋菜（吃刀魚麵），在宅讌客，同座有修
直及湛侯夫婦、伯樵夫人等。午後王叔魯來訪病，雜
談一小時。

5月6日　晴

晨理髮師來理髮。又馮醫生來施電治並打補針。午後復曉圓一函，性白一函（附去學校經費五千元）。

5月7日　陰

晨閱讀《莫干小學紀實》原稿二小時。又馮醫生來施電治並打補針。午後君怡來談，託往訪馮醫商討。

5月8日　雨

晨讀水淇函，感慨無量，當即覆伊一函，又致函岳軍為張劍初說項，蓋亦人情上不可避免之事。又馮醫生來施電治並打金液針（含金質0.05），此為第三針。午後閱讀「莫干小學紀實」原稿竣，似嫌未妥，應大加改訂後方可付印。

5月9日　陰

晨趙照松由山來報告511號工程，並支去工程費四千元。十時馮醫生來施電治並打補針。十一時赴賈爾業愛路應介石電邀往談，見其精神氣色較去冬康健，甚慰，談一小時歸。介石當日返京。正午三外孫女來共午餐。午後若杉要（日大使館代辦）來訪病，談半小時，知自然科學研究所正在開放，邀上海各界人士參觀。傍晚鹿君由京來，帶到（八十年陳）紹酒十瓶，係岳軍託伊送來者。

5月10日　陰細雨

晨九時半伯樵、君怡來邀同往李雲生宅欣賞杜鵑花，培養得極茂盛，約數十大盆，十分之九來自日本。歸寓後馮醫生來施電治並打補針。正午君怡、鹿君均在寓共午餐，乃試飲岳軍送來之紹酒，味確醇，予僅飲三小杯，略有酒意而即止。午後修直來談。

5月11日　雨

晨沈昌（將奉命赴歐來辭行）、水淇先後來謁。又馮醫生來施電治並打補針，予得岳軍送來之紹酒，轉送四瓶與馮，因彼亦頗樂酒也。午後鹿君來報稱陳君萊青已傷愈返杭（在滬為汽車所傷）。又新任日本駐在武官喜多誠一少將來謁，其補助官宇都宮同來，談一小時別去。

5月12日　雨

晨遠帆、厚生先後來訪病。又馮醫生來施電治並打補針。午後周靜齋偕張伯璇二君來訪，雜談一小時半。傍晚鹿君、修直來共晚餐。

5月13日　陰

晨俞寰澄由滬歸來訪。又馮醫生來施電治並打金液針（含金質0.05），此為第四針。午後鹿君、修直來談。

5 月 14 日　陰雨

晨冲野（日海軍武官）來訪病。又馮醫生來施電
治並打補針。午後徐聖禪局長來晤談福建及上海市兩
地財政情形。

5 月 15 日　陰

晨黃任之遊四川歸來訪病。又馮醫生來施電治並打
補針。午後炎之、湛侯由杭州來晤，並共晚餐後始別。

5 月 16 日　陰

晨許靜芝由京來謁，予與之商談大綱前程事。又
馮醫生來施電治並打補針。傍午乙藜由京來談資源會
工作進行情形，並留共午餐。午後君怡來約明日赴江
灣午餐。

5 月 17 日　晴

晨馮醫生來施電治並打補針。十時赴江灣先參觀
民生養鷄場及養兔場，一切設備均科學化，主人張瑞
芝精力飽滿，招待殷勤，頗可感。正午在君怡宅午
餐，同座有譚伯嶼、金純孺、薛次華諸人。午後歸寓
稍息後，壯華由甬來晤。傍晚楊主席暢卿由京來訪談
一小時半別去。

5 月 18 日　雨

晨與大綱商衛士善後處置事。又馮醫生來施電治
並打金針（含金質 0.10），此為第五針。午後讀「失

敗與成功」一小冊。傍晚公權來訪並共晚餐，公權此
來，似為對伯樵事豫求諒解，此公到要緊關頭總是缺
乏擔當力，可惜之至。

5月19日　陰

晨震修由京來送我田黃圖章一盒，並廿三方，真是
惶愧，又幼庚由京來晤談在京與岳軍接談情形。又馮醫
生來施電治並打補針。午後曉圓兄來講經兩小時並授我
白骨觀以助精神療治。

5月20日　陰

晨理髮師來理髮。又馮醫生來施電治並打補針。午
後陳公博來談未來政治及憲法問題。傍晚文欽由京來商
討彼「出任黔省政」問題。

5月21日　晴

晨橘三郎來：（一）津田靜枝（海軍中將）求見；
（二）吉田茂（駐英大使）過滬時求見，予均允之。又
馮醫生來施電治並打補針。午後直卿遊陝來滬訪病，雜
談西北及華北近情，是晚直卿留宿予寓。

5月22日　晴

晨直卿返京。又李擇一由東京來報告在東聞見。
又馮醫生來施電治並打補針。午後開新中國建設學會
理事會（非正式），到任之、問漁、鎔西、伯申、曉
垣、厚生諸人，談兩小時。又子青由漢口來訪病，談

財政情形。

5 月 23 日　晴

晨派大綱赴山視察並遣歸衛士四名。又內田敬三持
鈴木貞一片由東京來謁談推廣植棉事及報告興中公司內
容。又馮醫生來施電治並打金液針（含金質0.10），此
為第六針。正午三外孫女來共午餐。午後修直來報告吳
自堂等談話情形。

5 月 24 日　晴曇

晨錦澤甥來訪病並留共午餐。又馮醫生來施電治並
打補針。午後直卿由京來晤。曉圓兄來講經。伯樵、君
怡由杭歸，文欽、修直又先後來晤。

5 月 25 日　雨

晨整理文件。又馮醫生來施電治並打補針。午後津
田靜枝（日退役海軍中將）來，駐滬海軍武官佐藤脩同
來，佐藤能「靈氣療治」，為我治半小時（以手指按痞
塊處），得虛藥二、三度，乃共茶點而別。

5 月 26 日　陰

晨馮醫生來施電治並打補針。午後修直來談。

5 月 27 日　雨

晨直卿來辭行北返。又馮醫生來施電治並打補針。
午後凌壯華由甬來晤，是晚肝脹未得酣睡。

5月28日　晴

晨曉垣來講經一小時。又傑才來訪病。又馮醫生來施電治並打金液針（含金質 0.20），此為第七針。診畢赴新雅酒館午餐，同座有曉垣、傑才、大綱、君怡等。午後文欽來談敘。

5月29日　晴

晨性白由山來商莫庾區署長問題，乃作函與青甫，囑性白帶去。是晨遵醫囑飲瀉鹽，故瀉後極感疲乏，傍午馮醫生來施電治並打補針，午後馮醫生電話報告，謂瀉出大便檢查結果無痢疾菌而仍有肝吸蟲云云。傍晚陳直生來報告杭宅工程，並付清第一期及加價各款。

5月30日　晴

晨曉圓兄再來講經，並託伊代繳菩堤學會捐款二百元。又馮醫生來施電治並打補針。正午三外孫女來共午餐。午後晉仁由校來，稱本年暑假將往青島實習。傍晚伯樵夫婦來共茶點。晚間君怡夫婦來共晚餐，餐後伊等談講〈佛學大綱〉，一小時半別去。

5月31日　晴

晨覆李鳴周、王軍原一函。又馮醫生來施電治並打補針。午後修直來談敘，是晚未能安睡。

6月1日　晴

晨曉圓來為我講經二小時。又馮醫生來施電治並打補針，告伊近日身體所現變態：（一）夜間不能安睡，因肝臟腫壓迫他種機構，故或有時合眼即做亂夢；（二）無明火衝動時無法自抑，馮醫生為我開方服藥以安神經。又沈醫生來訪病，并面謝「日前託君怡送去之醫金五百元」（照 X 光線）。午後君怡、伯樵先後均偕其夫人來訪病，力加安慰（君怡午後往訪馮醫生，故詳告我與馮醫生所談情形）。

6月2日　陰

晨達齋來訪談。又陳蓮士、陳琢如先後來，均囑大綱代見。傍午馮醫生來施電治並打金液針（含金質0.20），此為第八針，乃預定課程之最後一針，總算圓滿功德。午後王伯群來談滇黔桂情形。是晚忽然發熱，徹夜未得安眠，或係打針反應所致。

6月3日至8日　晴

此六日中，因發熱後身體疲乏，食慾不開焉，在房內靜養，補針及電治均停。

6月9日　雨

晨馮醫生來，開始復打補針，予亦漸有起色。在病中，岳軍、曉圓、湛侯、仲勛諸人來訪，岳弟於六日得介石電，囑伊邀我赴京一敘，岳軍見我病，已據實覆電却之，但仍勸我愈後一行也，蓋因兩廣已於二日、四日

連連通電抗日反中央，介石正苦無法應付故也。午後季
鸞來談一小時。

6月10日　晴

晨直生來談，接清圖書館細賬。又純孺來視病。
傍午馮醫生來打針。午後修直、湛侯、炎之、和姨等
來談敘。是日得岳軍電，促赴甯商時局，惜體力如此
未能成行也。

6月11日　陰

晨與黃在中談，彼因端節在邇，擬請假回里，故給
伊津貼貳百元。傍午馮醫生來打針。午後君怡來訪。

6月12日　陰

晨遠帆由京來述時局嚴重，彼甚憤慨而憂慮，談一
小時別去。予又親擬覆岳軍一電。傍午馮醫生來打針。
午後修直來談，謂兩廣有聯俄跡象，故與日本方面不洽
云云。晚間伯樵來共晚餐。

6月13日　陰

晨出外在宅前後散步。又乙藜來訪。傍午馮醫生來
打針。正午三外孫女來共午餐。午後修直、伯樵來談。
是日入霉。

6月14日　晴

晨覆凌毅然、李曉圓各一函。又馮醫生來打針。正

午至新雅午餐。午後讀書。

6 月 15 日　晴轉陰

晨理髮師來理髮。又馮醫生來打針。午後讀書一小時。又蘭兒遊歐美歸來謁。

6 月 16 日　晴

晨性白由山來商莫庾區公署組織事。又趙叔雍來談南北政狀，認識頗清。傍午馮醫生來打針並面謝醫禮（先是予託伯樵送去醫敬二千元，又為曉梅送禮五百元）。午後修直來晤。晚間伯樵、君怡來共晚餐。

6 月 17 日　晴

晨覆幼庚一函（彼來函報告東行晤田代經過事）。又馮醫生來打針。午後修直來談。

6 月 18 日　晴

晨達齋來晤。又蘭兒來共午餐。傍午馮醫生來打針。午後修直、伯樵先後來晤。

6 月 19 日　陰

晨震修由京來訪，詳談內外政情。傍午馮醫生來打針。午後唐悅良次長代表馮煥章君帶禮物持片，由京來視病（火腿一只、鮮菓四盒）。又陳直生率趙照松來領去山屋 511 號工程費貳千貳百元。

6月20日　陰

晨蘭兒來。又馮醫生來打針並為我帶來止癢藥四種。傍午三外孫女亦來，均留共午餐。午後修直、伯樵先後來談。又岳弟婦來辭行赴京。

6月21日　陰

晨高訓予由京來訪病。又馮醫生來打針，告以昨日所給止癢藥水功效不著，夜間依舊徹夜不能安眠。午後馮醫生乃為我約皮膚科專門尤醫生來診療，尤醫生另開方給藥而去，姑試之。

6月22日　陰

晨鎔西來訪談，交換時局意見，並為盧晉侯說項。十一時馮、尤兩醫士同來，為我打止癢針，予告以昨夜苦狀（一夜四起，癢至欲哭），並託醫生代雇看護婦一名以稍節亦雲之勞，因亦雲亦隨我而徹夜不得安眠也。午後看護婦徐穎生來，為我上藥兩三次，似乎腹部一部份紅色稍減。

6月23日　陰

晨看護人來，午前共敷藥四次。是日為陰歷端午節，傑才、修直又來循例賀節。又馮、尤兩醫士來診視並打針。正午因適為伯樵夫人四四初度誕辰，予妻在宅設讌一桌，為伯樵夫婦壽。午後朱仰高醫士來抽血往驗。又孫哲生來訪病，略談時局極露悲憫之意。傍晚沐藥水浴一次。

6 月 24 日　陰

　　晨看護人來，午前敷藥三次。傍午馮、尤兩醫生來診視並打針。午後厚生來言，謂奉岳軍召，將赴京。

6 月 25 日至 7 月 1 日

　　一星期間天氣晴霉不定，身體苦痛異常，除專心敷藥外，已無餘力聞問他事。

7月2日　陰

晨八時半赴北站上車回山，下午三時抵山館，途中無風無雨又無日，頗少苦痛，惟晚間仍奇癢不能睡（是日斥退管房人李騰芳）。

7月3日　陰

晨性白、馥菴來訪。看護女為我上下午塗藥兩次，晚間用中國「單方」以香樟樹葉煎湯浴身（採諸山館前院），頗止癢，是夜竟連睡五小時，為一月來得未曾有。

7月4日　雨霧

上下午仍請看護女為我敷藥兩次，晚間仍用香樟樹葉洗身（是日新管房人老江來起工，係王有芳介紹）。

7月5日　陰晴

上午張光綸來訪病。傍午方氏夫婦到山（為真兒暑期補習英算請來教師）。是日敷藥三次。

7月6日　雨霧

晨性白來談接收管理局情形。是日因敷藥反增癢，改用橄欖油敷之，仍敷三次。

7月7日　霧

是日除頸部敷藥膏外，餘均敷橄欖油。

7月8日　晴

是日莫干小學第二屆畢業生（十三人）行畢業禮，予因病未能親往參加，託亦雲代表前往致詞給憑。予因到山已一星期，癢仍未止，乃作一詳細週報寄馮醫生，請其指示。午後又請本山療養院周醫生來診視作參考。又本日小學畢業生全部到山來視病，予對伊等又勉勵一番，略給茶點後別去。

7月9日　晴

是日癢勢似已稍殺，仍敷油三次。

7月10日　晴

是日敷油三次。午後陳直生由滬來報告杭宅建築情形（晨徐季實由鄂來視病，是日用藥水沐浴一次）。

7月11日　晴

晨青甫兄嫂由杭到山來視病。午後炎丈、和姨亦來訪。晚間鹿君由溫州來視病，到山已晚（僅電話報告到）。

7月12日　晴

晨鹿君來訪談，留共午餐。午後炎之、青甫亦均來敘。又遠帆來訪（是日得馮醫生覆函寄到藥三盒囑服）。

7月13日　霧

是日鹿君下山。又施省之來商瑣碎事，予因病未接見，派大綱代見接洽。是日敷油（早晚）兩次，但晚間未能安睡，蓋癢勢雖殺而尚未全消也。

7月14日　晴

晨敷油一次，又馮醫生新寄到之藥，試服一日後，不甚佳，故暫停。午後湛侯由杭到山，留宿511號屋。是晚仍未能安睡。

7月15日　霧雨

晨敷油一次。午後和姨來晤。

7月16日　陰霧

晨看護婦徐穎生下山返滬，是日不用藥亦不敷油。午後湛侯、炎之來雜談。是晚幾乎徹夜未睡，甚苦痛也。

7月17日　霧雨

晨服「蘇州潘資一堂所出二十四製金柑」一粒，謂能平肝止痛（係袁良送來），姑試之以觀其効。午後湛侯、炎之來談，予因連日夜間未能安睡，故是晚於睡前先用香樟葉煎湯洗身以止癢，復服安眠藥一粒以安神，總算連續安睡七小時，然而東方將白時，遍身仍癢也。

7 月 18 日　大雨

晨湛侯夫人來山，帶到杭州糯點，頗適口。是晚改用萍妹由京寄來之松針餅溶化水中沐浴，臨睡仍服安眠藥一粒，但不能如上日之成績。

7 月 19 日　陰晴

晨自行敷油一次，晚間沐松針浴一次。

7 月 20 日　晴

午後湛侯、炎之等來談敘。晚間沐松針浴，是日因正午食麵過多，睡眠又稍不安。

7 月 21 日　晴

晨湛侯來雜談，併留共午餐。餐後炎之來談。

7 月 22 日至 24 日　晴

每日均有驟雨半小時或一小時。

7 月 25 日　晴

晨君怡由滬到山，帶來馮醫生代購罐水瓶一只，蘭兒託帶之大魯士鹽及食物等件，又文欽亦由杭來，均留共午餐。午後文欽下山，君怡寓511號，詳商今後養病辦法。

7 月 26 日　晴

晨書（舊著兩冊：（一）《中國之將來》；（二）

《戰後之世界》），書面送樹松君（代至庾村測量人員），託君怡帶滬。午後君怡、湛侯同下山，君怡返滬，湛侯返杭。是晚託煥伯赴滬專請中醫。

7月27日　晴

晨青甫來談，彼昨奉命代理浙主席之職務（季寬轉任廣西綏靖主任），故午後須赴杭。午後真兒陪方師母及德容小姐赴杭去考「宏道」高中。

7月28日　晴

晨煥伯偕上海中醫梁少甫君（貴州人，五十歲）到山，寓菜根香旅館，十時半來診視，即開方並由電話託在杭湛侯至慶餘堂配藥，飭汽車送山。午後四時服第一劑，晚八時服第二劑，服後得虛恭頗多，腹部稍爽，惟晚間仍未能安睡。

7月29日　晴

晨梁醫生來復診開方，即著楊副官乘汽車至杭配藥，午間留梁醫生及張煥伯共午餐。午後藥到，四時服第一劑，八時服第二劑，晚間初睡時仍未安，惟至午夜得酣睡二小時，□□□□□□，然精神已為之一振矣。

7月30日　晴

晨梁醫生再來復診開方，仍著楊副官至杭配藥，是日服藥後，夜間能安睡五小時，大快大快。

7月 31 日　陰

　　晨梁醫生來診開方，購藥一如昨日，惟睡眠較昨夜稍遜。是日真兒由杭歸，知「宏道」高中已考取。

8月1日　雨晴相間

晨梁醫生來診，由大綱赴杭配藥（因楊副官稍受感冒）。又湛侯偕仲勛同由杭來視病，留共午餐。午後三時別去返杭。

8月2日　雨霧

晨梁醫生來診視。午後炎之來雜談，是晚酣睡六小時以上，為近來所未見，至快也。

8月3日　雨霧

晨梁醫生來診，午後向乃祺由滬來山，予未接見，由大綱代見之。是晚仍安睡六小時。

8月4日　雨霧

連日因太平洋上颶風襲江浙沿海，故氣候極不佳。晨梁醫生來診視開方配藥如常。午後青甫嫂來視病。是晚仍得安睡五、六小時。

8月5日　陰

晨梁醫生來診視。午後修腳匠由杭來修腳。是晚睡眠稍遜。

8月6日　陰晴相間

晨因庖丁陳叔荒謬，稍動肝火，逾時梁醫來診視，按脉即皺眉，謂「肝脉稍旺，奇怪奇怪」。予據實告之，彼力勸我勿動肝火，國醫脉□□□□□□□□者。

□□□□□□□。午後在園中稍稍散步，是晚又得安眠如常。

8月7日　晴

晨梁醫生來診視。午後性白來晤（是夜頗安眠）。

8月8日　晴

晨梁醫生來診視。午後炎丈、和姨來談敘（是晚未能安睡）。

8月9日　晴傍晚大雷雨

晨梁醫生來診視。午後遠帆、炎之先後來晤談。是夜仍未能安眠。

8月10日　晴

晨梁醫生來診視。又董志康來訪談莫干小學新校董會事。午後性白來訪。是夜較前、昨兩夜稍安。

8月11日　晴

晨梁醫生來診視，並傳我以靜坐法。午後炎之、和姨來晤。傍晚梁醫再來診視，以比較午前與〔後缺〕

8月12日

〔缺〕

8月13日

〔缺〕

8月14日

〔缺〕

8月15日

〔前缺〕午後方恩綬來為我講演〈防毒綱要〉，並帶來面具及催淚毒氣作實際試驗。傍晚厚生由滬來談一小時，留共晚餐後別去（是夜安睡五小時半）。

8月16日　霧

晨梁醫生來診視。又青甫、遠帆均由杭來訪。又湛侯因其幼子病來辭別返杭。正午在寓讌梁醫生。午後〔後缺〕

附錄：《黃郛日記》涉及親屬簡介

- 黃郛妻沈亦雲，本名沈性真。景英之名為投考北洋女師範學堂時自取。教師傅增湘為之取號亦雲。
- 黃郛祖父黃鏞，女兒嫁入餘杭章家，為章太炎祖母。
- 黃郛父親名黃文治，字友樵。黃郛母親陸氏。
- 黃郛家中兄弟姊妹共七人，四男三女，黃郛為么兒。
- 黃郛三哥黃叔汀。
- 黃郛有姪兒堯年、錦澤、嵩雲、嵩壽。
- 黃郛認友人計仰先子計晉仁為契子。
- 黃郛元配吳氏，離婚。
- 黃郛與吳氏所生女黃熙文，夫婿為沈璿（義舫）。
- 黃郛夫婦養育沈性仁過繼三女，取名熙治，小名小真。
- 沈亦雲父親名沈秉鈞，號叔和。
- 沈亦雲母親名葛敬琛。
- 沈亦雲七叔名沈秉榮（號季華）。
- 沈亦雲七外叔葛文濬（號慕川）。
- 沈亦雲四姨母葛敬琮、姨丈沈子美。
- 沈亦雲堂舅葛敬恩（湛侯）。
- 沈亦雲姨母葛敬誠、葛敬和。
- 沈亦雲有妹沈性仁（又名景芳）、沈性元。弟沈君怡（又名景清），即沈怡。
- 沈性仁之夫陶孟和（履恭）。

附件：

行政院駐平政務整理委員會與通車、通郵交涉史料節選，1933-1934

說明：

原文刪除者，保留並以刪除線表示。

原文為印刷字，而以手寫增補者，以〔 〕表示。

原文另外標明性質者，以【 】表示。

原文標注重點號者，以粗體字表示。

行政院駐平政務整理委員會暫行組織大綱

行政院駐平政務整理委員會暫行組織大綱

二十二年五月四日公布

第一條　行政院為整理北方各省市之政務起見特設行
　　　　政院駐平政務整理委員會
第二條　本會設委員二十三人就中指定一人為委員長
　　　　其人選由行政院長提請中央政治會議通過後
　　　　國民政府特派之
第三條　委員長綜理本會會務
第四條　本會每月開會一次由委員長召集其議事規則
　　　　另定之
　　　　委員長認為必要時得召集臨時會議
第五條　本會設左列三處
　　　　一　祕書處
　　　　二　政務處
　　　　三　財務處
第六條　本會設祕書長一人掌理祕書處事務財務主任
　　　　一人掌理財務處事務必要時各處得酌設副主
　　　　任其組織細則另定之
第七條　本會視事務之需要得酌設參議諮議專員
第八條　本會在不牴觸中央法令範圍以內得擬定單行
　　　　規程呈請行政院核准施行
第九條　本會辦理細則另定之

第十條　本暫行組織大綱自公布之日施行

資料來源：國民政府公報　第一一二三號

修正行政院駐平政務整理委員會暫行組織大綱

修正行政院駐平政務整理委員會暫行組織大綱

二十二年十一月十七日公布

第一條　　行政院為整理北方各省市之政務特設行政院駐平政務整理委員會

第二條　　本會設委員二十三人就中指定一人為委員長其人選由行政院長提請中央政治會議通過後國民政府特派之

第三條　　委員長綜理本會事務

第四條　　本會每月開會一次由委員長召集其議事規則另定之

第五條　　本會設左列一廳二處

一　參議廳

二　祕書處

三　調查處

第六條　　本會設總參議一人掌理參議廳事務設祕書長一人掌理祕書處事務設調查主任一人掌理調查處事務必要時得設幫辦及副主任其組織細則另定之

第七條　　遇必要時得設顧問及諮議

第八條　　本會附設華北建設討論會期以學術改善政務之進行

第九條　　本會在不牴觸中央法令範圍以內得擬定單

行規程呈請行政院核准施行

第十條　　本會辦事細則另定之

第十一條　本暫行組織大綱自公布之日施行

資料來源：國民政府公報　第一二九一號

關於通車事辦法之商談

【機密】

關於通車事辦法之商談

二十三年五月十四日在山海關

關於經由山海關，客車之直達通車辦法，雙方根據委由第三者　　公司承辦之方針，商談事項如左：

（一）公司地點　雙方同意設在山海關。

（二）公司名稱　認為使用不拘泥於地域等等之名稱較為妥當，姑擬左開各名稱以備研究：

甲、東亞通運公司；

乙、　　　　　　；

丙、　　　　　　。

（三）通車應用車輛　雙方同意以由公司妥備為原則，但為濟目前（約一年）急需起見，商定由路局租給應需車輛，一年後公司自備車輛時，以左列方法之一行之：

甲、由路局分造優美客車給公司應用；

乙、公司自行籌款備車，其所需款項由中日合力籌集。

（四）公司組織　按照中國法律組織之。

（五）公司資本　擬為國幣壹百萬元，先繳四分之一，即貳拾伍萬元。

（六）公司職員　設總經理、副經理兼事務主任（包含會計事務）各一人。

（七）公司職員之選任　雙方自推舉總經理或副經理之一，以一定期輪流交替。

（八）公司職員之身分　原則上均屬公司職員，但必要時得令兼掌鐵路事務。

（九）通關　為檢查逃漏稅及違禁品關係，當在山海關車站施行行李檢查，停車時間以四十分至一點鐘以內完了一切海關手續為要。

（十）通信關係　用公司名義通信，或經由山海關車務段長收轉。

（十一）通車編組
　　　　行李車二、三等車四、飯車一、二等臥車一、頭等臥車一、頭等瞭望車一（機車應否通過另行協商）。

（十二）行車關係人員　一律在山海關換班（車僅應留車服務）。

（十三）對公司酬費　照通車所售票價提百分之五給予公司作為佣金，但公司經費不敷時，由鐵路酌予補助，以不虧損為原則。

（十四）飯車經營　在公司租用鐵路車輛時期仍維持原狀，將來可歸公司兼營。

（十五）車票　用訂本式，其格式由鐵路規定，仍由鐵路各站發售，並得准由旅行社等代售。

資料來源：史丹福大學胡佛研究所藏，
「黃郛文件」Box 3 Folder 1

關於通車事宜協商辦法

【機密】

關於通車事宜協商辦法

（一）設立東亞通〔**國際**通〕運公司經營，由北平至瀋陽往返直通旅客，列車車輛用公司標誌。

（二）公司組織別有規定，其地點則擬設在山海關。

（三）通車應用車輛擬議如左：

甲　由公司籌備優美客車為原則，但新車未造成以前，約一年內由鐵路租給應需之車輛；

乙　為籌款備車起見，由中日合辦籌集資本。

（四）公司按照中日兩國〔中國〕法律組織之〔或登記？〕

（五）公司資本擬為國幣壹百萬元，先繳四分之一，貳拾伍萬元，由中日雙方各認半數。

（六）公司設總經理、副經理兼事務主任（包含會計事務）各一名，由雙方推舉，其總、副經理等亦由雙方輪流擔任。

（七）文電往來應由公司具名，經山海關車務段長轉達鐵路。

（八）列車編組如左：

行李車二、三等車四、飯車一、二等臥車一、頭等臥車一、頭等瞭望車一（機車應否通行過另行協商）。

（九）行車人員一律在山海關換班（車僅應留車服務）。

（十）照通車所售票價提百分之五給予公司作為佣

金，但公司經費不敷，應由鐵路酌予補助，以
不虧損為原則。

（十一）飯車經營，在公司租用鐵路車輛時期仍維持
原狀，將來可歸公司兼營。

（十二）車票用訂本式，其格式由鐵路規定，仍由鐵
路各站發售，並得准由旅行社等代售。

（十三）關於行車技術方面及清算賬目等詳細辦法，
另行商協決定。

（十四）如通車原則決定，應於七月一日開始實行。

資料來源：史丹福大學胡佛研究所藏，
「黃郛文件」Box 3 Folder 1

通車案發表程序

通車案發表程序

　　本件雙方約定須同時發表，以免參差，茲有數點應請核定遵行：

（一）發表文件（五項辦法、談話、中宣會通電）；

（二）發表日期；

（三）發表方法；

（四）發表機關；

（五）令知北寧路局。

資料來源：史丹福大學胡佛研究所藏，
「黃郛文件」Box 3 Folder 1

平瀋通車辦法

【機密　甲】

平瀋通車辦法

（一）北平瀋陽間直達客車每日對開一列，由公司〔東
　　　方旅行社〕負責經理。

（二）公司〔旅行社〕應自行籌備應需之各等客車及
　　　備品，在新車未造成（約壹年）期內，由鐵路
　　　局租給公司〔旅行社〕以應需之車輛。

（三）清算帳目及車租並佣金之支付，均由路局與公
　　　司〔旅行社〕直接商辦。

（四）票據表單由公司〔旅行社〕名義發行之，其格
　　　式應由路局規定，公司〔旅行社〕對於鐵路現
　　　行規章並應遵守。

（五）關於通車一切事務之商洽、車輛之修理及其他
　　　技術上並事變責任等問題，均由鐵路與公司旅
　　　行社商訂之。

資料來源：史丹福大學胡佛研究所藏，
「黃郭文件」Box 3 Folder 1

東方旅行社組織大綱

【機密　乙】

東方旅行社公司組織大綱

（一）茲由　　代表雙方股東以承辦北平瀋陽之直達
　　　旅客列車為營業之目的，合組〔東方旅行社〕
　　　公司。

（二）本公司〔社〕資本定為銀幣壹百萬元由中日兩
　　　股東代表分認之。

（三）本公司〔社〕應設總經理及副總經理兼事務主
　　　任（包含會計事務）各一人，以一定期限輪流
　　　交替，其餘執行業務、應需員額由總、副經理
　　　商定之後，各推荐其半數。

（四）本公司〔社〕以每年一月一日至十二月三十一
　　　日為會計年度，於每年度開始以前決定次年度
　　　之營業方針。

（五）公司〔旅行社〕營業經費以在營業進款內支用
　　　為原則，如有盈虧均按股承擔。

資料來源：史丹福大學胡佛研究所藏，
「黃郛文件」Box 3 Folder 1

東方旅行社承辦條件之要綱

【機密　丙】

〔東方旅行社〕公司承辦條件之要綱

（一）北寧路局允許〔東方旅行社〕公司按照現行規
章負責承辦北平瀋陽間之旅客直達通車。

（二）前項直達通車應每月對開一列。

（三）所有直達通車應需之各等客車、餐車及應用備
品均應由公司〔旅行社〕特定標誌妥為籌備，
在新車未造成以前一年期內，准由路局租給需
要車輛之半數。

（四）關於車租及佣金並清算帳目事項，均由路局與
公司〔旅行社〕另行商定。

（五）關於此項直達通車應用之一切票據表單，應由
路局規定格式交由公司〔旅行社〕發行之，但
得委託路局各站為之代售。

（六）基因於北寧鐵路局租給公司〔旅行社〕之車輛
而發生事故，致他人受損害者，應由公司〔旅
行社〕賠償之後再求路局償還。

（七）發生事故時依左列辦法處理之：
對於在山海關以西發生之事故，其原因在於車
輛以外者，不問其為不可抗力與否，統歸路局
負擔。

（八）公司〔旅行社〕與路局間之清算事宜，依左列
方法辦理之（後略）。

資料來源：史丹福大學胡佛研究所藏，
「黃郭文件」Box 3 Folder 1

通車案之說明

【機密　丁】

通車案之說明

備提案時說明用

　　查上年五月北方軍事當局，與關東軍訂立塘沽停戰軍事協定之後，所有在軍事占領狀態下之戰區各地、長城各口，以及唐榆間北寧路線，均於商談該停戰協定善後問題時，次第解決，惟對於北寧鐵路收回關內唐榆段路線時，日方首先要求解決通車，方允繼續商談交還辦法，意甚堅決，經我方一再拒絕，一時交涉，曾陷於停頓，最後由我方勉允十月間再行協議，方得將北寧鐵路唐榆段路線路產及車輛交還，於上年八月十三日正式恢復唐山至山海關之交通，此後日方對於此案，屢次要求協商履行，我方始終遷延，迄於今日，現日方已迭向我方嚴詞催促，默察情形，恐無法再行推宕，按此項問題，本屬軍事協定善後事項之一，在我國對於東北四省領土，並未承認放棄之原則以下，恢復通車，原無不可，祇恐事實上處理稍有不當，匪獨有涉及承認偽組織之嫌，且足以貽國際之口實，政府再三慎重，意即在此，顧目前狀況，日方既迫不及待，若不設法別謀解決途徑，則牽動整個外交，致華北發生嚴重情形，均屬可能，是以中央對日外交，實有權衡輕重相機因應之必要，當經詳加研究，擬基於對偽組織不發生直接關係為原則，就鐵路業務方面，恢復由北平至瀋陽直達旅客列車，所有一切辦法，概由中日雙方商定，交由中日合辦

之公司，負責承辦，其文書往返，手續接觸，均限於鐵路與公司直接協商，凡足以牽涉外交，或有承認偽組織之作用者，絕對避免，經以此意向日方提出，獲得相當之諒解，至如何實行，自應責成鐵道部轉飭北寧路局，妥慎籌備，以昭鄭重，依此原則，當不致軼出範圍，有所牽掣，事機迫切，未容緩圖，撮要說明，敬請公鑒。

資料來源：史丹福大學胡佛研究所藏，
「黃郛文件」Box 3 Folder 1

通車案之談話稿

【機密　戊】

談話稿

備為當局發表用

　　關於北寧鐵路關外段通車問題，茲由中日雙方商得解決辦法，定於　月　日實行，事前業經政府同意，責成鐵道部飭由北寧鐵路妥慎辦理，北方之緊張局面，當略展舒，昨據交通界負責當局，發表談話如次：

　　去年五月華北中日軍事當局，締結塘沽停戰協定，所有在軍事占領狀態下之一切善後，如接收戰區、接收長城各口，以及接收北寧鐵路唐榆段，均由雙方疊次商談，逐漸解決，其中關於通車一案，當去年交涉北寧鐵路收回唐榆段時，關東軍即堅持先行解決通車，我方一再拒絕，當時交涉，曾因此一度陷於停頓狀態，最後方允約定去年十月間再行協議，北寧鐵路唐榆段始得實行交還，並於上年八月十三日，恢復唐山至山海關交通，嗣後戰區及長城各口之交接，保安隊之輸送，日軍之撤退，乃得次第實現，而通車一案，國人慮其有與偽組織發生直接關係嫌疑，終未解決，近日以來，日方再四催促，勢非置諸不理，所能濟事，且此項通車問題，本屬停戰協定善後範圍以內，為解除北寧路軍事佔領問題之一端，在我國對於東北四省領土主權，並未自承放棄前提之下，由北寧路恢復直達遼寧通車，亦屬當然之舉，祇恐事實上處置稍有失當，致貽承認偽組織之口實，不可不慎重考慮其辦法，以免流弊，亦知通車一事，究屬

局部問題，政府既不願因此而牽動整個外交，致北方更
發生不幸之情勢，相機應付勢非謀一適當解決辦法不
可，適最近國聯關於中國事件之顧問委員會，討論滿洲
郵運，曾決定三項原則，即各會員國之郵政機關與滿洲
〔偽〕國之郵政機關，發生關係時，只認為行政機關與
行政機關為維持郵政技術上之運用而發生之關係，而不
能視為國家與國家間，或政府與政府之間關係，絕不因
此而與不承認滿洲國之原則有何牴觸，鐵道運輸業務，
與郵政事例相同，就此解決通車，則在此項鐵則之下，
當無虞有所誤會，因責成北寧鐵路，由　月　日起，恢
復由北平至瀋陽直達旅客列車，藉杜日方藉口，其辦法
係將此項通車交由中日雙方合組之公司〔旅行社〕負責
承辦，此種事例，係採用萬國臥車公司承辦國有各路臥
車辦法，藉使關內外行車，以及一切手續接觸、文書往
返，均得由第三者居間處理，庶使兩鐵路對方，不發生
直接關係，且所有執行事項，統限於單純的鐵路營業事
務，絕不涉及任何形式的或事實的政治問題，故甚望社
會對之，應認清其事務範圍，萬勿比附援引，曲為解
釋，甚且於日人之宣傳輕予附和雷同，致授人以柄，反
自陷於不利之處境云。

資料來源：史丹福大學胡佛研究所藏，
「黃郭文件」Box 3 Folder 1

通車問題與事實承認偽組織之解析

【機密 己】

通車問題與事實承認偽組織之解析
備由中宣會通電密令各級黨部統制全國輿論

　　通車問題，喧騰於世，行將一年，此次決定方案，不特竭力避免兩鐵路之直接接觸，且避免以偽組織機關為對象，形式上固已絕無承認所謂偽組織之虞，仍恐不免懷有疑慮，貿然附會，致其結果乃不免為他人張目者，是則毫釐千里，不可不慎，吾人為糾正此種錯誤觀念起見，不得不就所謂事實承認問題，加以解析。

　　所謂事實承認者，有嚴格之界說，即必須為國家行動，且直接涉及中央政府之事，而又足以解為有事實承認意思之行為是也，必此三項條件具備，然後事實承認之內容，方屬充足，否則雖係國家行動，而其事不涉中央政府，又或其事雖涉及中央政府，而事件不含承認意思，不能作為事實承認之解釋者，均不得勉強附會為事實承認，上項界說之根據，在國際聯盟之議決案，去年國聯通過調查報告書，決定不承認「滿洲國」後，旋又議決關於不承認「滿洲國」之辦法多條，於去年六月十二日通告會員國遵行，其辦法中且主張雖係國家行動，但不直接牽涉中央政府之事，亦不得作為事實承認之解釋，蓋國聯以為惟中央政府始有承認他國之資格及權力，如所事既不涉及中央，所與周旋者又為無權承認他國之地方機關，則雖有與偽組織之接觸行動，仍不得

解為事實承認，事實承認條件之嚴格如此，該項辦法中，又主張雖係國家行動，但在特殊形勢下不得已之行為，仍不得作為事實之解釋，此項規定，本係國聯對各國在東北駐有領事所謀之救濟，良以東北現狀，各國均派有領事，雖係國家行動，但不因此而視為承認「滿洲國」，事實承認條件之嚴格又如此，此外最近國聯關於中國事件之顧問委員會，討論滿洲郵運曾決定之第三項原則，即各會員國之郵政機關與滿洲國之郵政機關，發生關係時，只認為行政機關與行政機關為維持郵政技術上之運用而發生之關係，而不能視為國家與國家間，或政府與政府間之關係，絕不因此而與不承認滿洲國之原則有何牴觸，故就鐵路運輸業務言之，既局部間之運輸聯絡攸關之通車事件，原不必國家始能辦理，甲路局與乙路局之兩行政機關，因運輸技術上之運用，而發生之關係，不能視為國家與國家或政府與政府間之關係，依國聯最近事例，此義至為明顯，何況即此局部間之運輸聯絡，尚不以偽國組織為對象，且有第三者介在其間，一切毫無直接之接觸，自更與所謂事實承認之說，相去甚遠也。

依上所說事實承認之界說已明，其條件嚴格，不容附會，吾人試一考通車事件，對上項界所說之解釋如何：

（一）通車交涉之起因於塘沽協定善後事項之接收軍事占領下之鐵路問題，其對手方，自始即為關東軍，主持一切，路局既非國家，其行為既非國家行動，而對方主持者之關東軍，更非偽組織之國家；

（二）通車為鐵路運輸業務之一種營業行為，與中央政府不相牽涉，且不得解為含有事實承認之意思；

（三）路局有權主持之運輸業務，其行為非必以國家主體，以某種客車，交由某公司承辦，國有各路，與萬國臥車公司，夙有此項事例；

（四）以通車較領事之駐在及郵政之交通，在後二者確係國家行動，猶且因特殊形勢之要求，否認其事實承認之嫌，若通車之本非國家行動，現因軍事占領之特殊情勢（我對東北始終認為被日人臨時軍事占領，無所謂「滿洲國」）而不得已交涉辦理，且雙方絕無接觸，更不得視為承認之事實表示，且因此維繫，益可表現我國決不放棄東北四省之人民領土，反可因上例而得法律與事實之根據也。

依據上述，通車結果，絕對不能解為事實承認，以與事實承認之界說，毫不相涉也，願國人勿過於重視事實承認嫌疑，而輕於附和雷同，使人得藉口謂中國因此即表示事實承認，或且曰中國人固自視此為事實承認也。

資料來源：史丹福大學胡佛研究所藏，
「黃郛文件」Box 3 Folder 1

殷同赴瀋陽交涉經過

連行紀要

　　　　　　　　　二十三年六月

旁加紅圈者為較重要之件

　　六月九日朝八時脣公飭楊林送到行政院令，原文如下：

　　案奉中央政治會議第四百十次會議，決議：「在不承認偽組織及否認偽政權存在原則下，可與日本交涉關內外通行客車問題，密交行政院院長，軍事委員會委員長，依此原則，負責考慮，妥善進行。」奉此。經與軍事委員會委員長核定標準辦法，如下：

　　一、直接通車，限於客車，并以每日對開一列為限。

　　二、通車事務，應交由商業機關承辦。車票即由該商業機關發行。

　　三、一切清算帳目，及行車業務，均應由該商業機關與路局接洽辦理。

　　四、該商業機關，應遵照中國法律組織組織之。

　　以上四項辦法，仰該會密即查照督飭妥慎辦理。此令。

　　俾執此為此之交涉根據也。

　　九時大連丸啟碇，船票變名為劉谷，坂西將軍同道至青，劉厚生兄、趙叔雍夫婦來送，十日下午十二時四十分抵青，上陸展父墓，並視察德萊兩寓一周，叮囑

兩處僕人勤慎看守，隨至勉唐宅，並約仰先、寅侯二
兄，溯吾、少臣兩夫人齊集一晤，高木陸郎自東京來約
見，允三時往訪，適有他約，未能晤談，四時三十分於
驟雨中由諸君偕赴碼頭，遇高木及坂西又八君，立談數
語，約在連晤，又遇市吉、土屋諸君，方悉來送實相寺
赴連者，五時啟碇，在船邂逅鄭介侯。

六月十一日午十二時三十分靠岸，小山及雲甫來
迎，新聞記者識者麇集，偕小山同車，逕投星浦大和
旅館，方午餐時，記者多人追踪而至，探詢攝影應接
不遑。

飯後二時，先訪宇佐美及後宮少將，據告土肥原已
如約來此，本日四時半車，仍擬回奉，故希望先與晤
談，岡村副長則因事難來，但約前往一晤，並據帶到岡
村君託交名片，大意相同，因互訂定次日上午十時為會
商時間後，即走訪土肥原君於星家，據告岡村因菱刈司
令官及西尾參謀長均須於十三日扈從秩父宮離長赴奉，
彼須在長留守，不克分身，極盼在長一晤，柴山君則原
約早一日到此，不知如何故須遲至本日四時方到。

因與土肥原氏談解決車郵關等懸案之後，**擬即將塘
沽停戰協定予以根本之清算，俾兩國處理華北事件均得
恢復常軌**，但此非懇請諸兄相機善導不為功，故特託柴
山約請屈駕一晤。

據答如果停戰協定善後各項問題，能得一結束，則
由黃委員提出此項要求，當然可得日方之同意，彼意日
方可為好意的考慮。

當詢　如果進行此事，自應期其必成，應如何著手，方
　　　不誤事？

據答　**此事當然重要，應當觸及核心，不可隨便亂談，
　　　致將空氣攪亂，反令某部分發生反感。**

詢　　協定當時之司令官武藤大將，已作古人，參謀長
　　　小磯中將又去，聞此次陸軍之定期移動中，岡村
　　　少將以及喜多大佐，均將他調，是則當時之當事
　　　人已全部更換，而雙方除該協定條文外，頗多不
　　　發表之談話，萬一後任不明真相，則此後種種事
　　　件，實多棘手，**且當局之人，每每喜擴大解釋，
　　　危險既多，糾紛亦甚，故亟思乘此機會作一結
　　　束，俾兩國國際事件，得以恢復常軌。**

　　　所謂事件核心，當然為關東軍，而其實則為岡村
　　　少將，故甚願與之一談，但赴長之行，慮行動不
　　　能秘密，反將引起揣測耳。

答　　來意極所贊成，十三日菱刈司令官及西尾參謀
　　　長，均將扈從秩父宮到奉，或不妨先將此意，
　　　略與一談，惟關東軍部內，當有種種意見，恐
　　　難即答，如岡村少將竟不便往晤，亦可將來意
　　　婉轉代達。

　　　斯時侍女通報柴山已到，當即延入，方悉彼因熱河
錦州飛行途中遇大雨，雖冒險繼續飛航，卒因昏暗莫
辨，中途折回，未能如期趕到。

　　　當請其電告憲兵隊，辦理禁止新聞刊載行動之消息
之手續，旋據憲兵隊報告，手續已請由軍部辦理，於
翌日起禁載，惟本日夕刊新聞，已經發行，不及取消

云云。

旋柴山與土肥原談保安隊事，**於以知李際春部，似仍與奉天特務機關，取有聯絡，此則非將停戰協定廢止，使一切基於此協定之善後商談，盡歸消滅不易解決**，惟柴君與土肥原辯論中國保安隊人數，及李部特種保安隊期限甚烈，態度至可佩也。

據土肥原言，在奉天以南，如山海關承德等處特務機關似均為所屬，於此可之彼為處理戰區事件之核心，今後交涉當特別留意及此者也。

晚七時滿鐵八田副總裁招宴於新月酒家，據告林總裁隨秩父宮赴長，同席為土肥原、柴山、宇佐美、後宮及滿鐵總務部長石田，晚九時半散。

十二日朝七時，北西君來訪，九時翌唐由奉到，偕雲甫來訪，午前十時，在宇佐美宅會商，列席者為宇佐美、後宮、柴山及金田等五人。

我方提議事項

（一）我方第三者，擬令中國旅行社擔任，希望彼方亦照此辦法，令日本觀光局出面擔任，如此則兩方皆為社會上習見之旅行服務機關，經理此項通車事務，可使社會毫不驚異，且儘可用組合方式，免得發生股份之大小問題。

（二）中國方面希望此項合組之商業機關用中國法律，並推定固定的代表人（或總經理）為中國人。

（三）名稱希望避免東亞運通公司字樣，並露骨的說明其理由為東亞有與大亞細亞有聯帶印象，通

運有混同貨運之嫌。

（四）北寧行車時刻，已行之數十年，未輕變更，深
　　　印人心，此次仍望維持原訂時刻。

（五）為鐵路便利旅客之使命計，山海關海關之行李
　　　檢查時間，務令縮減至最小限度，手續亦力求
　　　便捷，在彼停車時間，擬以四十分至一小時為
　　　率，對入關行李，我方不及在時間內檢查完
　　　畢，及出關貨物，彼方不及在時間內檢查完畢
　　　者，各與各該方關員，以隨車檢查之便宜，但
　　　以各不越關為原則。

彼方提議

（一）本問題一日不解決實行，即雙方社會人士一日
　　　不安，無論如何，盼排萬難於七月一日如期實
　　　行，萬一中方有何問題，奉方亦必直接開入，
　　　因關東軍意思，盼此甚切，責成奉方於運轉不
　　　出危險範圍內，必須實行也。

（二）發表日期、方法、及文件如何。

（三）互派技術人員商議修理材料，以及在北戴河再
　　　為技術上最後商議之日期之規定。

（四）第三者之組織條件。

商談結果

（一）日方亦令日本觀光局出面擔任事允考慮。

（二）用中國法律事可同意。

（三）名稱改為東亞旅行社。

（四）維持北寧固有行車時刻可同意。

（五）海關檢查以在山海關站檢查為原則，其時間為

四十分至一小時，雙方關員，在本段內可隨車
檢查但不越段。

（六）照原議七月一日實行通車。

（七）預定六月二十日為發表日期，發表機關及其方
法、文件等，留待再議。

（八）派技術人員討論行車修理材料事可即辦，並定
十八日仍派原有人員赴北戴河為最後會商。

（九）第三者之組織，如不招商股，僅由中國旅行社
與日本觀光局兩家合組，則可委由該兩團體自
行商量組合辦法，至承辦條件，現因組合未定，
經費無從預算，暫難商議，但既屬雙方國家責
令承辦，決無任令損失之理，可由雙方予以保
障，至組合除日常開支外，暫無需鉅大資本。

　　會談於下午一時中止，並決於明日飛機赴長，約定
十四日午前再商，在宇佐美宅會餐畢，三時歸寓，發滬
津各電。

　　晚七時赴宇佐美夫婦之宴，在座加入八田厚志、金
田、齋藤正身諸君，九時席散，驅車遊大連市購零物。

　　十三日朝六時四十分大谷來訪。

　　七時柴山來，偕赴周水之機場，時間尚早，合作明
片數枚，分寄平滬。此次係以渡邊雄記名義偕行，八時
起飛，十時至奉，本係在奉換乘，乃忽據報長春機場泥
濘不便下落，本日停飛等語，經柴山君交涉，方允電
詢長春准予續飛，旋接長春電話通知，午餐已由軍部准
備，靜候至十一時十分，方克換乘起飛，十二時四十二

分抵長，機行山岳地帶，加以風勢稍烈，微感暈意，喜多大佐易裝來接，偕赴某酒家，岡村已先到，同席僅四人，談讌計四小時，記重要談話之要點如下：

（一）客年華北，兩國關係極端惡化，大局破裂，幾至不可收拾，黃委員長不惜犧牲，獨排眾議，隻身北來，因有塘沽停戰協定之成立，嗣因處理戰區善後問題，又有種種商談之經過，在當時情勢，此乃必不得已之辦法，且為兩國政府之所切望，不料一年以來，時過境遷，備受內外之責難，在中國人之不明事理者，一若因停戰協定之存在，係由黃某之喪權辱國，處處加以責難攻擊，令人百口莫辨，而日本人士之急功近利者，則又以黃某為徒事敷衍，一事不辦，一若因停戰協定之存在，有無窮之責任義務，非令黃某一一負責不可者。

（二）原來停戰協定係兩國公布公開之文件，而關於各種善後商談，則均未公布，尤其如去年十一月之申合，更無人知，在中國國民立場言，中國軍不進戰區，我方已早經實行，而**關東軍之撤退條項，日方始終不理，至今戰區內種種事端，皆由關內駐有軍隊而起，每有事故一次，即予我國國民以一次之刺激，使吾人甘冒疑難之工作，絲毫不生效果**，或且甫有萌芽，即遭摧折，事至今日，連吾人自身，且不知所為何來。

（三）**關東軍之在關內者，始終不問事態之緩急**，常存有對敵觀念，故**每因些小事故，發生誤會，我方萬難忍受，現在東北軍已次第南開，當已無虞有侵入滿洲之可能，日方態度以及行動，亟應緩和，以期人心逐漸趨於安定。**

（四）兩位對中日大局，有深切之觀念，與見解，且均為當時之當事者，現在仍然在此擔當為幕府中堅，而其所屬部伍之行動，已是如此，以現在而言，協定當時之武藤司令官已作古人，小磯參謀長又已他遷，如果二位亦如所傳聞榮轉他處，則貴方當時人物，均已遷調一空，所有雙方互相諒解各事，均將失其依據，是則稍有齟齬，糾紛立至，為兩國前途計，實不勝其感覺危險。

（五）此次通車告成，其他一切善後事項，如通郵如設關諸件，亦且各告段落，而**兩國政府對於滿洲問題，已並無以武力解決之意思，是此項臨時性之停戰協定，亦已充分收得效果，故擬向日本政府提議，恢復正常狀態，俾華北外交亦克復歸常軌，而一切附隨停戰協定商談事項，既經一一實施，則種種束縛，自可盡歸自然消滅。**

（六）黃委員長深感此事之迫切，而尤覺其慎重，故屬先求關東軍之諒解，尤盼兩位善導此問題使入康莊大道，想兩位亦必具有同心，深覺必要，而亦同感有此責任者乎。

（七）最後擬叩詢兩位，對此事之個人意見，並請教如何進行之方策，以及具體進行時，應顧慮之事實如何。

（八）因此次不知能否會晤，故曾託土肥原少將代達一切，將來並擬請柴山君多多幫忙。

岡村談話要旨如下：

（一）適間談及停戰協定日方之義務，**有將日軍引退至長城線一層，已完全做到，協定本說明係大概退至長城線，所謂「概」者，即為「大致」之意，非全部悉數之謂**，故現在尚有若干小部隊在關內，委實亦因長城外無屋可住故也。

（二）善後各種問題，已一再遷延，達一年之久，一件未見解決，故日本方面乃不得不視為黃委員長之說得到做不到。

（三）**現在地方長官，以及南京政府，並不重視黃委員長之職權，頗令日方發生疑慮，最顯著之例，如戰區內各縣且有放任黨部活動之事實，關東軍責任所在，如何可以安心。**

（四）**依愚見無論如何，河北省政府總需改造，且須有絕對服從政整會之意思，方可談到整理戰區之實在問題，否則徒為于學忠等造機會耳。**

（五）**如果通車以及其他一切懸案，能如約趕速解決，而河北政局又能使日方得以安心，則臨時性之停戰協定予以廢除，使外交入於常軌，乃屬當然之事，彼時即所謂申合事項，亦歸自然消滅。**

（六）惟最重要者，仍為對人問題，例如福建自陳儀去，而一切誤會均歸消失，何以中國政府不肯思慮及此，凡此種在日方絕不願露骨具體表示意見，致有干涉中國內政之嫌，然全國上下幾無不人同此心也。

（七）**停戰協定，本含軍事性質，兩國政府如欲廢止，自必另有一種手續，以為代替，如果時機到來，自**

不妨以大使資格出面辦理。

（八）我等固不能即代表日本政府及關東軍表示可否之意見，但個人意見，甚以中國及時提議為然，因此等事，中國不積極提議，日本政府以及關東軍，決無提議之理，因於關東軍毫無不便也，其實在停戰協定當初，以及去年十一月在平商談申合事項時，日方都有此準備，故當時皆曾有外交官參加也。

前項談話之外，並為如左之問答：

殷　　**適間所談恢復外交常軌之意，在限制關東軍在關內之行動，故必由兩國政府外交官互商解決，日方之外交官，當屬有吉公使，而非菱刈大使。**

岡村　有吉公使之說極是，好在與關東軍關係最切，關東軍亦必自然派員參加。

殷　　關於進行此事，雙方當各有所準備，而日方一切，自必須顧及關東軍之意思，故深望顧念兩國前途至善之努力。

岡村　**形式上縱令由兩國外交官主持，而事實上完全係關東軍之關係事項，自應絕對尊重關東軍之意旨，我輩亦當盡其力之所能，善為處理，但事件較大，關係複雜，恐非我等一二人所能主宰也。**

殷　　**如決意進行，以何種時期為妥。**

岡村　**此層最宜慎重，如各種停戰協定善後事項所關之問題，一一解決，則日本為援助蔣汪以及黃委員長政治立場起見，自不惜隨時商談，惟所慮者，商談之後，即須恢復常態，而河北以及戰區內情**

形，殊尚未能使吾人可以安枕，為之奈何。

殷 此乃入關日軍始終抱有對敵觀念，故每每引起種種糾紛，其實中國一年來努力整理，客年作戰部隊，亦已陸續南調，而現在平津者，對日亦並無再以武力收復失地之意思，民眾方面亦然如此。至對日感情，則因有此事實之存在，當然難說即時恢復，即如我等在華北，亦止能做到不使感情惡化，尚談不到如何親善，此乃民族受創後之自然心理，絕非空言所能解釋，亦非壓力可使銷沉者也。

岡村 民眾一般之感情恢復，自非咄嗟可以立覩，但與地方政治領袖之態度及設施，有至大之關係，吾人最引為遺憾者，河北主席以及省政府，似均未能體念中央政府及黃委員長之意思，而絕對服從其指揮。關於此點，最使日本不能安心，此點甚盼中國政府，自行考慮，而有以善處之，例如自陳儀主閩以後，日本對福建之空氣，即為之大變，一切無形之誤會，大致消釋，豈非明證，日本決不願提出對人問題，至蹈干涉中國內政之嫌，但求中國明瞭此種情形，而自行處理，則裨益兩國前途，決非淺鮮。

殷 **現在地方長官，決無不聽指揮之事實，特日軍始終未脫對敵觀念，故一切觀察，不免失之神經過敏。**

岡村 **或許有神經過敏處亦未可知，但河北省政府以及各廳，豈非盡是東北餘黨所佔據，豈非遇事掣黃**

　　**委員長之肘，甚之如陶尚銘等，尚不能自由處裡
　　事務**，關東軍固時時受有此等情報也。

殷　　風聞兩位均有榮轉之說，吾人深願乘此時機，解
　　決本問題以免貽誤於他日，以兩位看，尚有其他
　　問題需研究否。

岡村　**停戰協定如果取消，當然兩國政府應另有其他
　　協商，以為替代**，在目下中國政府，能無顧慮
　　否，**在各項問題解決之後有必要時，或更改申
　　合亦可。**

殷　　**協商而不涉及滿洲問題，僅就臨時性質之塘沽協
　　定，宣布廢除，使華北中日外交復於常軌，中國
　　政府當無所用其顧慮**，因停戰協定僅係中日雙方
　　局部之軍事當局，為免除軍隊再有衝突之一種臨
　　時規定，就根本法理言之，雙方政府，均不應受
　　其縛束也，**各問題解決之後，所謂申合事項之應
　　當然消滅，已如前述。**

岡村　兩國政府有所協商時，自然有許多涉及滿洲領土
　　之事項，**既不便觸及滿洲國之承認問題，而長城
　　外又事實上已成為滿洲領土，此中關鍵，頗多可
　　以研究之處。**

殷　　依我個人愚見，**對長城以外地區，當視為日軍軍
　　事佔據下之區域。**

岡村　中國立場固可作如是觀，**但日本則應尊重日滿議
　　定書之精神，絕對不能侵犯其獨立，不許作如是
　　觀也。**憶國際間曾有別種行政區域之先例，或者
　　外交以及國際法專門人員，當有方法解此困難。

殷　將來具體進行之先，吾輩必先就某種成案，為一種預備的意見交換之後，方可委由兩國外交當局正式商談。

岡村　自然，在日本方面，縱令東京政府有所決定，亦必須徵求關東軍之意見，交涉時縱令為有吉公使，我關東軍亦必派人參加。

岡村　黃委員長南行已久，何日可北歸，昨報載八日對新聞記者有一談話，謂不辭勞怨，但求為國家減少犧牲云云，是確論。

殷　黃委員長之北歸日期，當看對內對外各種政策能實現至如何程度為轉移。

岡村　本來中央政府，如果不予以實權，縱令回任，亦是一事不可為的，所以近來日本頗有一部人大感失望。

殷　上次閣下到平，曾為我提及北票股子事，至今未有正式回答，實因爾時種種問題都無辦法，故爾迄未表示可否，現在究竟如何。

岡村　此事相隔已久，或已視為貴國自甘放棄，故新公司成立時，未聞提出此事，現歸十河理事主持，軍部已不過問。

岡村　我等所欲談者，是否盡在於此，抑尚有其他事項。

殷　大致如此。

岡村　我等當以充分之好意，謀副閣下之希望，現在尚有少許時間，圍棋一局如何。

　　圍棋五十分鐘，約二百子，已見敗徵，而為時距開車不及半小時，乃一笑而散，仍偕柴山由喜多送至車站而別，車下午四時三十分南開，夜十時半抵奉天站，假站長室電話，與翊唐通話略談。

　　六月十四日早七時到大連站。

　　十時仍在宇佐美宅會談，談話結果如下：

（一）雙方查車之憲警，均不得越段。

（二）日方亦設法由日本觀光局，出面擔任。

（三）有某次入關車在榆站止有四十分鐘之停留，恐海關檢查急促，決由奉段提早二十分鐘開行。

（四）商定六月二十日發表文件及機關。

（五）票據由日方照商定格式付印。

（六）告知中國旅行社，派代表張水淇，本日船開到，下午介紹見面。

　　午後零時十分散會，隨命車赴埠頭接張君水淇、周君思忠。

　　午後二時介張周二君晤宇佐美，並促提出日本觀光局代表人。

　　告知稅關長，我方擬用明瞭情形之華人，以免隔閡，盼彼方亦然。

　　後宮少將表示，滿洲國財政部曾要求派員列席會商海關檢查事已拒絕。

　　宇佐美表示，彼方願出資合作，改建榆關車站設備，告以關係我方主權，不能同意，但我方已有單獨改善計畫。

深夜得滬寒電，對名稱、發表日期、投貨額，均有指示。

十五日早七時，召集宇佐美、後宮、柴山在旅館會商，昨接滬電三點結果如下：

（一）名稱改為東方旅行社，英文名 Oriental Travel Bureau，由中國旅行社及日本觀光局，各取一字組成之。

（二）**發表日期為實行前三日之六月二十八日。**

（三）**現係兩團體合組，毋庸資本，如將來招收股份時，應由中國占過半數。**

（四）宇佐美介紹日本觀光局代表平山見面，並即介見張周二君，商量組織。

八時十分散會，隨電滬報告。

八時三十分，偕柴山乘天津丸九時解纜。

六月十六日早七時到津。

資料來源：史丹福大學胡佛研究所藏，
「黃郭文件」Box 3 Folder 1

關於平瀋通車之談話記錄

關於平瀋通車之談話記錄〔與陳光甫談話〕
　　　　　辦法　〔廿三、六、八日，祁齊路本宅〕

　　一、先由中國旅行社派三人以私人名義接洽，俟政府公佈並由鐵道部或行政院命中國旅行社承辦之後，再由旅行社正式出面，希望日本方面由觀光局出面。

　　　　　　　　　　　　　　　　【機密　參考】

議決案
　　查通車問題，本屬塘沽停戰協定善後事項，在不涉及偽滿及直接間接可解釋為承認偽滿或其政權存在之範圍以內，由行政院轉飭各關係機關遵照下列要點妥慎辦理：
（一）直接通車，限於客車並以每日對開一列為限。
（二）通車事務應交由商業機關承辦，車票即由該商業機關發行。
（三）一切清算帳目及行車業務均應由該商業機關與路局接洽辦理。
〔建議中央未蒙採用，後於五月卅日中政會決議案為抄件〕
　　決議「在不承認偽組織及否認偽政權存在原則之下，可與日本交涉關內外通行客車問題，密交行政院院長汪兆銘同志、軍事委員會委員長蔣中正同志，依此原

則負責考慮妥善進行，通郵問題擬議呈報再核」

第二九號

資料來源：史丹福大學胡佛研究所藏，
「黃郭文件」Box 3 Folder 1

殷同呈黃郛通車交涉之電稿

呈政整會電稿（擬六月二十四日拍發）

上海黃委員長鈞鑒〇密

遵派與日方交涉，經多次會商決定辦法之較關重要者：

（一）每日對開平瀋直達客車一列；

（二）通車事務交由中國旅行社與日本觀光局遵照中國法律合組織東方旅行社承辦，車票由該社發行；

（三）一切賬目由該社遵章與路局清算；

（四）車輛用該社特定之標誌；

（五）入關車輛在山海關受我檢查；

（六）維持北寧行車時刻表；

（七）預定七月一日實行，六月二十八日雙方同時發表。

以上均依行政院密令暨鈞座指示方針慎重交涉，幸未逾越範圍，除備文另行呈報外，謹先電聞。殷同叩。

資料來源：史丹福大學胡佛研究所藏，
「黃郛文件」Box 3 Folder 1

通車事件之發表程序

關於通車事件之發表擬以左列程序辦理之

六月二十八日午前九時，在北平

中方　駐平政務整理委員會代表行政院、〔北甯路局〕

日方　駐平日本駐在武官代表關東軍

中國方面發表文稿（未定稿乞核示）

　　關於北甯鐵路關外段通車問題，經中央政治會議決定原則，交由行政院院長、軍事委員會委員長，核定標準辦法，令知本會，轉飭遵照，妥慎辦理，茲經中〔本局東令與〕日雙方代表，迭次會商，決〔擬商〕定辦法如左，〔呈經報於在案，茲發表〕：

（一）自本年七月一日，恢復由北平至遼寧直達客車，每日以平瀋對開一列為限。

（二）由中國方面責成中國旅行社，日本方面則呈日本觀光局，於山海關組設東方旅行社，負責經理此項直達通車事宜。

（三）一切行車規章、時刻、車輛編成、車票發售等項，均由路局發表之。

日本方面發表文（譯文）（由柴山代表關東軍發表，已定稿）

（一）通車懸案，經中日雙方慎重研究結果，預定於七月一日起，恢復由北平至遼寧直達客車，以每日對開一列為限度。

（二）由中日雙方合組東方旅行社，負責辦理通車事
　　　宜，該社設於山海關。

（三）行車時刻、列車編成、行李轉運、及車票之發
　　　售等項，令由雙方鐵路當局發表之。

　　同日，午前十一時，

　　北寧鐵路局　在天津

　　奉天鐵路總局　在瀋陽

　　發表關於行車時刻，以及列車編成，售票等辦法。

　　此外除路局以局令發布關於本件之通令外，並擬將
前擬「通車與事實承認之解析」一文，交通信社以某國
際法學者談話之形式發表之。

資料來源：史丹福大學胡佛研究所藏，
「黃郛文件」Box 3 Folder 1

設關會談紀錄

設關會談紀錄

　　中華民國二十三年十二月　日北平政整會代表殷同、殷汝耕，參與員阿客爾、張勇年與關東軍代表源田松三、平野馨、內田孝大、高洋太郎，參與員儀我誠也、柴山兼四郎於北平為關於由山海關至古北口長城沿綫設關事項會談臨時辦法如左：

（一）設立關卡及一般稅關事務應互相聯絡協助。

（二）由鐵路輸送進出長城之貨物及旅客携帶品，雙方關卡均有檢查之必要時，應照左列辦法施行：

　　（甲）對一般貨物　由輸出方面之關吏先行檢查之後，再由輸入方面之關吏檢查之。

　　（乙）對旅客隨身携帶品及託送貨物〔包裹〕隨車行李在山海關車站裝卸者在站上施行檢查。其通過該站者旅客隨身携帶品在車內施行檢查。其隨車行李託送包裹及車內不便檢查之隨身携帶品應卸在檢查場施行之。

　　檢查以雙方關吏同時施行為原則。

（三）對於由陸路、水路進出之貨物及旅客行李務求在同一地點施行共同檢查，其檢查辦法仍照前條（甲）項之例。

（四）雙方關吏對於走私及其他違章之豫防應照左列辦法互相協助：

　　（甲）關於走私及違章之調查防範互與便利。

（乙）遇有違章事件應由發見之關卡處理之。

（五）自關外由鐵路或郵便運達山海關之貨物，經由
山海關東門（天下第一關）仍復原封直接運出
關外者，或由陸路經由山海關東門到達山海關
車站及郵局之貨物仍復原封運出關外者，得請
求退還稅款。

（六）自關外運到山海關車站或郵局之貨物如仍原封
直接（未經提取）運出關外者不課稅。

（七）對於關內關東軍所指定各機關之公用品經關東
軍證明者免其進口稅。

附件

（一）基於會談第一項之趣旨，雙方對於進出長城線
貨物之課稅辦法、報關規章及其他認為必要事
項須互相通報。

（二）關於會談第二，雙方於長城線之關卡現狀如左：
（甲）河北方面

津 海 關 ⎰ 古北口分卡
　　　　　 喜峰口分卡（潘家口分所）
　　　　　 冷口分卡
　　　　　 界嶺口分卡
　　　　　 義院口分卡

秦皇島關 —— 山海關分卡（東門分所）

（乙）關東方面

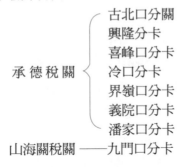

　　　　　　　　　┌ 古北口分關
　　　　　　　　　│ 興隆分卡
　　　　　　　　　│ 喜峰口分卡
　　承 德 稅 關 ┤ 冷口分卡
　　　　　　　　　│ 界嶺口分卡
　　　　　　　　　│ 義院口分卡
　　　　　　　　　└ 潘家口分卡
　　山海關稅關 ── 九門口分卡

（三）關於會談第三之（乙），通過山海關站之旅
　　　客攜帶品託送包裹及隨車行李之共同檢查辦法
　　　如左：

（甲）對於由北平開來之通車，由山海關關吏
　　　施行檢查，秦皇島關吏會同之。

（乙）對於由瀋陽開來之通車，由秦皇島關吏
　　　施行檢查，山海關關吏會同之。

（丙）前兩項之會同關吏，遇必要時仍得自由
　　　再行檢查。

（丁）同時發見違章事件時，由直接施行檢查
　　　之關吏處置之。

資料來源：史丹福大學胡佛研究所藏，
「黃郭文件」Box 3 Folder 1

通郵會談紀錄

民國二十三年十二月十四日上海郵政總局代表高宗武、余翔麟同參加員殷同、李澤一與關東軍代表藤原保明同參加員儀我誠也、柴山兼四郎會於北平，關於通郵在不涉及「滿洲國」承認問題原則之下商定辦法如左：以下上海郵政總局簡稱甲方，關東軍簡稱乙方。

一、 通由於雙方郵政機關間行之，因此在山海關、古北口設轉遞機關。

二、 通郵用之乙方特種郵票其面上不表示「滿洲國」及「滿洲」字樣。
上記郵票印製四種，使用於函件、明信片、掛號、快信等務求貼用。

三、 郵戳在乙方則用現用歐文。

四、 郵資由郵政業務主管機關各自定之。

五、 關於通郵事務之文書（單據在內）儘量標用公曆，不表示「滿洲國」及「滿洲」字樣。

六、 通郵實施期為明年一月十日，於同月五日前後公表之，但包裹匯兌則自同年二月一日起實施。

七、 通過西比利亞之郵件依照舊例辦理。

八、 本辦法之變更須經雙方之相互協議。

九、 依上述之旨趣作成處理出進山海關、古北口郵件暫行辦法及處理出進山海關、古北口郵政匯兌暫行辦法如附件（另冊）。

資料來源：史丹福大學胡佛研究所藏，
「黃郛文件」Box 3 Folder 1

通郵辦法之諒解事項

通郵辦法之諒解事項

　　民國二十三年十二月十四日上海郵政總局代表高宗武、余翔麟同參加員殷同、李澤一與關東軍代表藤原保明同儀我誠也、柴山兼四郎會於北平，關於通郵辦法其諒解事項如左：

　　以下上海郵政總局簡稱甲方，關東局簡稱乙方。

一、　關於通郵辦法之公表，除協議部分外其全部不得公表，並不得為惡意之宣傳，但「通郵於雙方郵政機關間行之」，當然在不發表之列。

二、　通郵用之乙方特種郵票，其花紋由乙方預示甲方。

三、　向甲方寄發之郵件上，乙方以誠意努力使用特種郵票。

四、　甲方對於由乙方寄發之郵件，倘已納足郵資，則雖悞貼普通郵票，得免徵欠資，但以極少數為限度。

五、　乙方在現用歐文郵戳之局則使用歐文郵戳，在現用中文郵戳之小局則得用中文郵戳。
　　以上現用中文郵戳中務不表示「省」字。

六、　關於通郵之文書（單據在內），乙方以誠意努力不表示「滿洲國」及「滿洲」字樣。

七、　所有兩郵政業務主管機關往來之文書，由乙方所發者以郵務司長 Director General of Posts 為發信者，以郵政總局局長或郵政儲金匯業總局局長為

收信者而由天津郵局轉交由甲方所發者，以郵政
總局局長或郵政儲金匯業總局局長為發信者，其
由代理人簽名者則附書代理者之職銜，並於本
文末尾為奉命 By order 之表示以郵務司長為收
信者。

資料來源：史丹福大學胡佛研究所藏，
「黃郛文件」Box 3 Folder 1

民國日記 22
黃郛日記（1935-1936）
The Diaries of Huang Fu, 1935-1936

原　著　黃　郛
主　編　任育德
總編輯　陳新林、呂芳上
執行編輯　林弘毅
封面設計　陳新林
排　版　溫心忻、盤惠秦

出版者　🛡️ **開源書局出版有限公司**
　　　　香港金鐘夏愨道 18 號海富中心
　　　　1 座 26 樓 06 室
　　　　TEL：+852-35860995

　　　　🌼民國歷史文化學社
　　　　10646 台北市大安區羅斯福路三段
　　　　　　37 號 7 樓之 1
　　　　TEL：+886-2-2369-6912
　　　　FAX：+886-2-2369-6990

銷售處　**源流成文化 股份有限公司**
　　　　10646 台北市大安區羅斯福路三段
　　　　　　37 號 7 樓之 1
　　　　TEL：+886-2-2369-6912
　　　　FAX：+886-2-2369-6990
初版一刷　2019 年 10 月 31 日
定　價　新台幣 300 元
　　　　港　幣　80 元
　　　　美　元　11 元
I S B N　978-988-8637-32-4
印　刷　長達印刷有限公司
　　　　台北市西園路二段 50 巷 4 弄 21 號
　　　　TEL：+886-2-2304-0488